我眼中的互联网金融

回归本源

王剑 著

中国财经出版传媒集团

经济科学出版社
Economic Science Press

图书在版编目（CIP）数据

回归本源：我眼中的互联网金融/王剑著．—北京：
经济科学出版社，2018.10

ISBN 978 - 7 - 5141 - 9582 - 8

Ⅰ.①回… Ⅱ.①王… Ⅲ.①互联网络 - 应用 -
金融 Ⅳ.①F830.49

中国版本图书馆 CIP 数据核字（2018）第 172772 号

责任编辑：周国强
责任校对：杨　海
责任印制：邱　天

回归本源：我眼中的互联网金融

王　剑　著

经济科学出版社出版、发行　新华书店经销

社址：北京市海淀区阜成路甲 28 号　邮编：100142

总编部电话：010 - 88191217　发行部电话：010 - 88191522

网址：www. esp. com. cn

电子邮件：esp@ esp. com. cn

天猫网店：经济科学出版社旗舰店

网址：http://jjkxcbs. tmall. com

固安华明印业有限公司印装

710 × 1000　16 开　13. 5 印张　180000 字

2018 年 10 月第 1 版　2018 年 10 月第 1 次印刷

ISBN 978 - 7 - 5141 - 9582 - 8　定价：58. 00 元

序

互联网金融回忆录

一

我和互联网金融的故事，往最根源上讲，要从一台小霸王学习机说起（见图 0-1）。

图 0-1 小霸王学习机

初中刚毕业，父亲的朋友送了我一部小霸王学习机。"80后"应该记得，这东西自带一张学习卡，但也可以插其他游戏卡。其实它和后来很多的互联网金融一样，是山寨货，仿制的是日本任天堂的电子游戏机。不过，好在当时我已经是街机高手了，所以没有怎么拿它玩电子游戏，反而研究起那张学习卡里的内容。

在初中与高中之间的暑假，我对照着说明书和学习卡里的内容，完成了BASIC语言的入门。而在编程之前，我只会使用计算器，外加一丁点算盘（现在忘光了）。我当时觉得，计算机高级语言真是比计算器强太多了，能按自己需要去设计算法解决计算问题。从此，我像热爱生活一样热爱编程。

进入高中后，学校有BASIC课。母亲因工作需要，买了台586电脑，用来控制她的机床。电脑里装着UC–DOS（见图0–2），还有QBASIC等其他工具。于是我又开始在上面练习编程。当然，得益于我的编程技术水平其实很低，完全不用担心BASIC会把电脑弄崩溃。

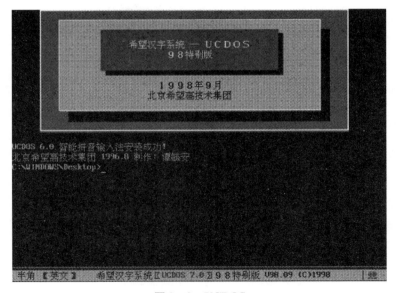

图0-2　UCDOS

但是，我对计算机科学的兴趣，从此奠定。这部学习机功不可没。高中毕业时，我又用这台学习机练好了"五笔"，这是一项能让我写文章比别人快的技能。高考结束后，虽然对计算机兴趣浓厚，但我还是报考了金融学。大概是因为当时觉得计算机和数学、外语一样，是不管做哪一行都能用得上的通用技能。而当时全家最懂金融的人就是在农信社工作过的姨母，她和我大概讲了几句啥是金融，然后，我就乘上了北上的列车。那还是我第一次离开浙江。

二

到了北京的学校，才发现图书馆里有好多计算机的书，我中学学的那些玩意儿早过时了。机房里的电脑都用上 Windows 95、Windows 98 了，而我还只会用 UC‒DOS。于是开始了一段恶补的过程。学校安排的计算机课程包括 Visual Foxpro，就是那只可爱的小狐狸，语法基本是基于 BASIC 的。我后来才知道，以人文社科为主的中国人民大学，计算机系里竟然拥有不错的数据库学科。后来我还自学了 C 语言，它比 BASIC 更高效。再后来，对网络技术感兴趣，开始自学。当然，我在参加工作后发现，用得最多的其实是 Office，尤其是 Word、Excel、PowerPoint。后来我最终没成为"码工"，而是成为一名金融"表哥"，也就是整天处理 Excel 表格的哥。

2000 年 9 月，刚到学校报到不久，就跟同学一起，到学校对面的招商银行网点办了一张一卡通，当时还是 12 位卡号的那种。同学说，这卡能够"网上支付"。首先，我们要申请一个"一网通"账户，是一个无实体卡片的附属账户。要付钱时，先要把钱从"一卡通"转到"一网通"。

然后，我在学校南门外的网吧进行了我的第一次网上支付——就是在网吧，在完全无信息安全保障的情况下。其实细想，当时知道网上支付的人很少，那么知道网上支付的坏人，当然就更少了，那是多么纯净的网络世界。我的第一次网上购物，是在北京音像网上看到了我的偶像张雨生的绝版专辑《大海》的引进版磁带。不过那次是在网上下订单，然后用邮政汇款完成的支付。后来，第二次在该网站上买东西时，就用上了刚办理出来的招商银行一网通。当时我觉得网上购物有很多好处，比如省去出行的麻烦（从学校坐公交到西直门再换地铁去市中心），还有就是检索商品的便利（很多商店当时还没有检索电脑，找商品要自己在店里慢慢找或者问店员）。所以，我买了电子商务的书来读，逐渐产生了兴趣。

当然，这期间我学习的专业是：金融学。我开始将网络技术与金融结合，学习电子金融、网络金融，阅读各种书籍报刊，也学习当时国外的一些做法和国内的尝试。但当时网上购物并没有什么大范围进展，我身边还是没什么人用。直至2003年春天，"非典"期间，网上购物才开始受到关注。5月，马云在杭州成立了淘宝网，成为国内第一家免费的C2C电子商务网站，然后很快就击败了收费模式的易趣网。也是2003年的那个暑假，我在家写完了学年论文《在电子商务时代提升银行业的竞争力》，那可能是我第一次关注到Paypal这种东西对银行经营的支付有替代作用。

2003年底，淘宝网开始推出支付宝服务。支付宝最初是为了解决C2C的信任问题，因为C2C和B2C不一样，双方相互不认识，交易时，先汇款一方会承受风险。为此，支付宝作为"信任中介"，买方先把钱付到支付宝，卖方发货，买方收货后再确认，支付宝才把钱打到卖方账户。为实现这一功能，支付宝在国内破天荒地开设了"账户"（国内此前已有互联网支付公司，但没有账户），这一账户竟然在后来成为了搅局者。

2004年，我临近本科毕业，完成了毕业论文《发展在线金融服务业以实现混业经营的途径探讨》。文中的主要观点是，金融机构可以通过推广在线金融服务，来打造网上金融超市，实现混业经营。文中提到的海外案例是 E＊Trade（亿创理财）。多年之后，我才发现这家公司在业内其实也没那么好。

当时所谓在线金融服务业，主要是指金融机构在互联网上提供各种金融服务，国内后来通行的称谓是网络金融、网上金融。其实，以 1995 年中国银行在国内首推网上银行为标志（也就是我还在家里的机器上练习 BASIC 的时候），我国金融业开始进入第二阶段——网络金融时代。但同样是 1996 年，美国诞生了第一家纯网络银行，安全第一网络银行（Security First Network Bank），比我们又前进了一大步，但后来的事实证明纯网络的玩法并不容易。

此前的第一阶段，是金融机构引进计算机的电子金融时代。长久以来，金融业的记账都是手工的。比如我姨母在农信社工作时，仔细地手填着一张张单据。20 世纪 50 年代以后，随着金融业务量井喷，西方的很多金融机构开始引进计算机，起初的想法也很单纯：手工记账真的太令人绝望了！工作量巨大，还难免出错。后来，金融机构引进的计算机技术越来越丰富，直至后来引进了网络技术。但这种网络并不是互联网，而是金融机构内部的专用网络，客户办理业务还是得去网点。后来，银行开始在网点外摆上 ATM 机，用专网与银行相连，服务触角第一次伸到了银行经营场所之外。

我们一般把金融业引进计算机和内部专用网络的阶段，称为电子金融时代。当然，对于这一阶段，我没有任何亲身参与的经历。

三

2006 年，我硕士毕业，来到上海工作。入职银联数据，中国银联的一家子公司。公司当时从未声称自己和网络金融有任何关系，是为银行提供信用卡方面的信息系统与技术服务的。放到今日，这是一家典型的 FinTech（金融科技）公司。但当时，没这么时髦的词语，而是归类于金融信息服务业。我当时在财务部，一方面承担一些财务分析与预算工作，另一方面负责公司一些闲置资金的投资。前一项工作使我成为 Excel "表哥" 外加业余 "码工"（因为 Excel 会用到 VBA 编程），并让我最为深刻地了解一家信息服务公司——或说 FinTech 公司的运营。

当时，我已经娴熟地使用种种网络金融服务，还开始在当时的塞班手机上使用手机银行。而银联数据的工作经历，使我直观地了解到，我们在外面所能接受的各种出色的金融服务，是多少的程序员、架构师、运营师付出的汗水。各种琐碎的工作，包括为各种设备预算的争吵，以及处理一堆堆业务数据，在修正无数的 BUG 和错误后把系统一点点优化，那无数个加班的夜晚办公室里灯火通明。这世界上本没有什么完美，汗水浇多了，慢慢就完美了。所以，当后来有很多上市公司轻描淡写地说想进入互联网金融时，我总是默默地为他们捏把汗……

四

2011 年，我离开工作了五年的银联数据，入职浙商证券研究所，转行成为一名证券分析师，负责金融行业。入职后，我猛然发现过去五年的工作经历，把财务基础、行业背景打得很牢，但自己上学时学习的经济学、货币银行学等基础知识，由于不常用，反而有些淡忘，一时心慌，开始恶补。边恶补，边开始完成上市公司覆盖工作，起草银行行业和个股的深度报告、做模型、调研公司。这些基础工作几乎占据了我整个 2012 年，于是也就暂别互联网金融。2013 年开始，我刚刚完成个股覆盖任务，行业研究工作渐渐步入正轨，此时互联网金融热潮开始起步。有时候，我就会和同事、客户交流一些我对以前网络金融的观点和经验，同事、客户开始鼓励我把这块研究做起来，而其他同行已开始抢先发布相关研究报告。

2013 年 6 月，余额宝横空出世。由于收益率超高，再加上支付宝公司宣传到位，现有客户多，很快获得了大批客户，余额快速增长。那是我的一次错判，我原先认为，余额宝本身只是货币市场基金，我能买货币市场基金的钱，早就已经买好货币市场基金了，何必多此一举，把别的货币市场基金转过来呢？后来发现，我错在两点：

（1）由于余额宝成立于"钱荒"之后，收益率明显高于原有的货币市场基金（原有基金因为持有原来较低收益率的资产，因此其收益率不会马上高起来），虽然仅仅高出一点点，但也吸引了大量资金，原来老百姓对收益是高度敏感的；

（2）很多人，原来就不知道有货币市场基金这名堂……

尤其是第二点，是我犯了先入为主的毛病，以为大家都像我一样平时就持有货币市场基金，后来发现，不知道货币市场基金的人大有人在，他们平时就放着存款。这次错判使我意识到自己的旧有知识已严重脱离实际。刚好银行业研究的框架、个股覆盖也已基本完成，于是腾出时间精力，回归互联网金融研究。但刚好又因为"钱荒"之事占用研究精力，我依然没有快速把精力投入到互联网金融上来。

直至 2014 年 2 月，我的第一篇互联网金融的研究报告《网事汹涌：余额宝的货币经济学演绎》才问世。该报告很快被《上海证券报》全文转载，因为文中提出了一个全新观点：余额宝根本不会减少银行存款！当时，余额宝总额已经突破了 6000 亿元，舆论界开始发出余额宝侵蚀银行存款的论调。但由于货币市场基金也是工具，其资金依然会回存银行，但其存款利率确实高于居民存款。但如果货币市场基金购买了企业债券，资金流向企业后存回银行，依然是低成本的存款。因此，说存款大幅流失的，基本上是危言耸听。次月，央行暂停支付宝等公司扫码支付试点，我又发布了首篇关于支付行业的研究报告，《生死逐鹿：支付市场监管难题背后是互联网思维的挑战》。支付行业，本来就是我从事过的老本行。

以这两篇报告为标志，我算是正式回到了互联网金融领域。

2013 年也因为余额宝的精彩亮相，而被称为互联网金融元年。之所以这么说，是因为这一年互联网金融概念开始被广泛接受，但绝不是因为它在 2013 年才诞生。事实上，互联网支付早在 1999 年就诞生了，2004 年大家则开始使用支付宝了。

<h2 style="text-align:center">五</h2>

2014 年，互联网金融越来越热门，各种形形色色的"互联网金融"粉墨登场。而令人不安的是，很多骗子打着"互联网金融"旗号混迹其间，开始坑蒙拐骗。我则和各路分析师一样，开始频繁调研各类企业，看看他们在做什么，尤其关注龙头 BAT。而且也继续发布一些有关互联网金融的报告，同行也不断地在发布报告，但现有研究成果依然不能使我们满意。我继续尝试透过热闹的外表，梳理清楚互联网金融的大逻辑。

在一个事物新生时，形态还没定型，难以捉摸是很正常的。起初的互联网金融，简直包罗万象，没有准定义，几乎所有非金融机构以互联网为工具参与的各种类金融的业务，都被纳入互联网金融范畴，逻辑梳理其实有点困难。请注意，这里有三个关键词：

非金融机构：互联网金融是非金融机构跨界开展金融业务。如果是传统金融机构做的线上服务，其实就是以前所称的网络金融，此次则被称为金融互联网，不属于互联网金融。

以互联网为工具：反正触网的就算……后来发现有些业务是纯线下的（比如线下开店的财富管理），也声称自己是互联网的。

类金融的业务：这一点就更无所不包了。

整体来看，当时被称为互联网金融的包括网上基金销售（余额宝就是典型，以及其他网上基金销售平台）、P2P、财富管理、众筹、互联网支付等。但请注意，P2P、财富管理、众筹其实是可以与互联网无关的，比如网下开店运作，或者有些所谓的P2P，投资者网上参与，但却线下投放资金，最多只是半互联网化。但它们也在互联网金融大潮中纷纷涌现。

乱象持续了一年多，多个部委终于在2015年7月联合出台了《关于促进互联网金融健康发展的指导意见》，并将互联网金融分为六大领域（见图0－3），开始实施监管。此后，负责各领域的监管部门开始陆续出台监管办法。互联网金融终于有望由乱而治。但依然留有漏洞，比如财富公司，再比如各种交易场所，均不在上述任何一类里（也不在传统监管类别里），这些领域的监管在后来的金融风险防控中才慢慢补上。

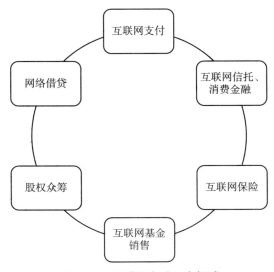

图 0－3　互联网金融六大领域

而以互联网手段开展的传统金融服务，比如互联网银行、互联网证券，则仍然归现有的监管体系负责监管，不属于新兴的互联网金融范畴。

六

前面提到，我们把第一阶段称为电子金融（非互联网，而是银行内部专网），第二阶段是网络金融（金融机构开始在线上提供金融服务），那么如何界定第三阶段呢？我认为阿里小贷（后为蚂蚁微贷）的问世可以作为一个里程碑式的标志，即第三阶段，宣告互联网金融时代的来临。

因为，在第二阶段，虽然很多金融服务都实现了线上办理，但仍有些业务，完全依赖线下，比如开户、贷款。以贷款为例，没有一个银行能够仅凭借款申请人网上传递的信息资料，就决定给他放款。放款环节，银行还是得线下考察借款人。也就是说，我们的现有信用体系无法覆盖互联网世界。因此，网络金融时代，能传送信息，但不能传送信任，我们还没有办法实现所有金融业务的线上化，这是网络金融时代的局限。

但是，大约从 2000 年开始，互联网进入 Web 2.0 时代后，UGC（User Generated Content，用户原创内容）快速发展，互联网用户不再仅仅是互联网的读者，而是通过购物、社交、聊天、共享等行为参与互联网，种种行为留下的足迹慢慢积累成了大数据。早期的 Web 2.0 代表是 BBS，后来包括网上购物等。有了这些大数据，我们慢慢可以有办法刻画这个人，更充分地了解这个人。换言之，大数据使我们慢慢有办法在互联网世界建立信用体系。最后，在大数据的帮助下，为一个人线上办理开户、放款，已经成为可能。这种纯线上处理信用的方式，还有一个好处就是成本极低，从而使小微金融成为可能。如果用传统线下审查的方法去做，有可能审查成本都远高于单个客户的盈利，所以无法做。但如果处理成本极低，那么就有可能为小微金融提供服务。所以，这也是大数据为小微金融做出的最大贡献，也就是为什么说互联网金融能成为传统金融的补充。

2010 年和 2011 年，阿里巴巴结束了与银行的合作后，开始自谋融资业务，分别在杭州和重庆各注册了一家小额贷款公司，资本金分别为 6 亿元和 10 亿元，并开始向其平台上的商家发放贷款。而放款的主要依据，就是商家在平台上的交易数据和其他资料，模型审批，线上完成。这是一个划时代意义的变革。我不知道阿里小贷何时发出的第一笔纯线上贷款，我认为这笔贷款的意义要远大于余额宝卖出 6000 亿元。余额宝本质是网络销售基金，这事以前银行代销、基金公司直销都做到了，只是因种种原因而没有推广。余额宝的历史功绩，是普及了民众的理财意识，推广了货币市场基金，但依然不足以成为互联网金融的里程碑。只有纯线上放款的实现，才算真正意义上宣告了新时代的来临。

实现这一点的核心，其实是大数据，而大数据又来自 Web 2.0 的长期积累。当然，由于大数据来源有限，大多数放款机构还无法做到完全的纯线上放款，这可能是我们还需要积累更多大数据，从而在互联网世界建立更好的信用体系。

七

不管怎么操作，不能违背金融原理。金融就是资金的融通，资金富余方把资金有偿让渡给资金需求方使用，约定偿还资金的时间以及资金使用的价格。以债权为例，即约定固定的时间，并有一个利率。资金融通，都需要"存贷汇"三个环节，分别代表资金的动员（投资者）、资金的投放（借款人）和资金的交割。上述六大领域，均是"存贷汇"的一种或多种。

而资金需求方有可能会违约，无法偿还资金，使资金提供方遭受损失。

解决这一问题的方法是"风险定价"，本质上是利用概率统计方法，为损失提供保险。比如，资金提供方要估计资金需求方的损失率，比如1%。那么，在所有借出的资金的利率上，增加这1个百分点。当真发生1%的损失时，因为多收了1%的利息，基本上刚好弥补了这个损失。相当于所有借款人多付1%的利息，为那1%违约的借款人埋单。通过这种方式，覆盖了风险，使金融业务变得在商业上可持续。

这里就涉及一个核心问题：要相对准确地估计某类借款人的违约损失率。这里，首先要获取足够的借款人信息，了解他们的情况，才好估计损失率。传统上，银行通过充分调研借款人来估计这个损失率，而这种调研只能线下实地完成。而到了互联网时代，如果互联网能够积累足够的信息，使放款人有把握准确预计损失率，那么线上放款就有了可能。所以，虽然技术手段在进步，但风险定价的原理是没有改变的。

另外一个不容遗忘的原理是，只要是金融，就会有风险，就离不开监管。金融是资金的融通，但借出去的钱多多少少有无法偿还的可能，虽然有前面所讲的风险定价，但预测损失率有时总不那么准确的。再说，如果你只放出一笔款，那么是没有统计意义的，要么还，要么不还，因此有可能遭受损失。承担风险是自愿的，但必须让适合的投资者去承担合适的风险，要把好投资者门槛这一关，不能让低风险承受能力人群去参与过高风险投资。

另一个需要重点监管的地方，是基于"人性本恶"的假设。为追逐利润，金融服务提供者往往会突破游戏规则，从而导致更高风险。因此，监管也是为了约束行为，维护公平，并把风险控制在可承受范围内。

而在本书的各章节中，我们将把这些原理一一呈现。

目　录

| 1 | 金融的原理 / 1

1.1　互联网金融入门框架 / 3

1.2　大数据金矿：画像与征信 / 15

1.3　如何开一家互联网金融公司 / 22

1.4　淘宝十年回忆录：交换—贸易—金融 / 34

| 2 | 支付的原理 / 41

2.1　支付简史：从贝壳到互联网 / 43

2.2　监管意志：去银行化、去银联化 / 52

2.3　移动支付：从桌面到指尖 / 61

2.4　移动支付大对决 / 73

2.5　银行卡的反击 / 82

2.6　入口为王：支付工具与支付业务 / 89

2.7　支付公司"正接"网联 / 96

2.8　货币视角看数字货币 / 104

2.9　数字货币：区块链与未来的支付 / 112

| 3 | **网银的原理** / 119 |

3.1　浪潮之巅：商业银行从未缺席变革的盛宴 / 121

3.2　大象起舞：商业银行如何玩转互联网金融 / 128

3.3　互联网银行的核心逻辑链 / 135

3.4　直销银行要义 / 143

3.5　互联网足够浩瀚，容得下太多银行 / 151

| 4 | **监管的原理** / 157 |

4.1　猫和老鼠：永不停转的金融创新螺旋 / 159

4.2　监管开启：立法革新与群雄归位 / 165

4.3　读懂 P2P 及其监管 / 173

4.4　股市配资公司真相 / 180

4.5　异化的交易场所 / 187

参考文献 / 199

跋　找一个角度看互联网金融 / 200

1 金融的原理

图 招 本 源 : 我 据 中 的 互 联 网 金 融

我们首先从金融原理出发，去理解互联网金融。这是我们不能遗忘的初心。

我们先用严谨的金融学原理，去解释互联网金融。在本章的 1.1 节，我们尝试给出了互联网金融的一个整体框架。然后接着在 1.2 节，阐述互联网金融的一个关键创新点，就是互联网大数据与大数据征信。在 1.3 节，我们将上述逻辑框架结合到业务实践，建立分析互联网金融公司的方法。最后，1.4 节，我们找一个最经典的实例来运用这一方法，这实例就是阿里巴巴的互联网金融业务。

1.1 互联网金融入门框架

互联网金融的本质永远是金融

互联网金融的本质，永远是金融。所以，在一开篇，我们有必要先理解什么是金融。

金融的本质，是资金的融通。即，资金融出方将暂时不用的资金让渡给资金融入方使用。为此，资金融入方要向资金融出方支付一定的资金使用费。资金使用费有不同的定价方式，主要包括利息、股息。之所以叫法不同，是因定价方式不同，例如，利息是每期（如每年）按本金的一定百分率（即利率）收取，股息则是按《公司法》要求，从本金的经营成果中分配。但不管叫什么，总之是为资金使用权所支付的费用，我们暂且将其统称为资金使用费。

金融业，即是帮助促成上述资金融通交易的服务性行业。互联网金融也不例外，也是这样一门行业。从事这种生意的企业，叫金融企业或金融机构。金融机构的收入，就是从上述资金使用费中瓜分出来的一部分。

金融业的使命，是要解决"融资难、融资贵"问题。而互联网金融的使命，就是用新技术，解决传统金融无法解决的"融资难、融资贵"问题。让天

3

下没有难融的资，让诚信的借款人融得到钱，让勤恳的放款人控得住风险。

　　资金使用费，是资金融入方向资金融出方支付的费用，是资金融入方利用这钱创造了更多价值后，按约定分一部分给资金融出方。比如公司向银行借了1000万元，扩大再生产，赚了更多钱，理应将这部分额外赚的钱按约定分一部分给银行。资金使用费，可以分解为：资金成本、风险溢价（或称风险补偿）、支付给金融业的服务费用。

　　支付给金融业的服务费用，形成金融机构的收入，又分解为金融机构的人工成本、运营成本、资本成本（也就是金融机构的利润）。在此，需要注意的是，经济学意义上，企业的合理利润也是合理成本的一种，是资本的成本。因为，如果没有利润，就不会有资本来开办这样的企业，那么也是商业不可持续的。

　　以上结构如图1-1所示。

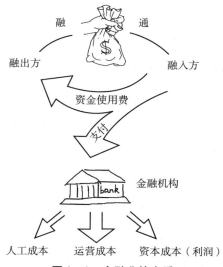

图1-1　金融业的本质

融资难、融资贵的根源

基于上述金融业务的本质，我们就很容易分析融资到底难在哪、贵在哪。

资金融入方向资金融出方支付资金使用费，这部分费用包括三部分：①资金成本；②风险溢价；③支付给金融业的服务费用。

（1）资金成本：即机会成本，也就是出资人的其他可选投资渠道的收益率。从前只有存款，相对固定，利率市场化彻底实现之前还是人为压低的。目前随着投资品越来越丰富，资金的机会成本其实是上升的，但这是从原来的人为压低回归正常，不应理解为融资成本上升。提高大家的"财产性收入"是好事。资金成本主要由货币政策和投资环境决定，所以这个资金成本降低的空间小，先将其视为外生变量。

（2）风险溢价：这是由资金融入方的风险决定的。金融业的任务，就是通过收集数据用来计算某一类资金融入方的预期损失率，然后把这预期损失率加到利率之上，就完成了风险定价。我们把金融机构的这项工作称为"信息生产"，也就是将收集来的原始数据，转换成有用的信息。预测损失率的方法五花八门，关键是得尽可能准确，比如算出来损失率1%，那么在利率定价上加上这1个百分点，就可以了。但一般来说，放款人总担心自己预测不够准确，所以有时候会多加点，比如加2个百分点。

有些借款人由于数据不足，放款人无法准确预测其损失率，就不敢给他们放款（"融资难"问题）。比如村里新来的一个外乡人，想借点钱开个小卖铺，村里信用社完全不认识他，不可能放款。但如果此时借款人又急需这笔钱，找到其他人放款，那么放款人干脆拍脑袋用一个极高的风险溢价（以确保这个风险溢价是肯定会超过其损失率的）。这便是高利贷，受舆论批评

（"融资贵"问题，但根源还是融资难）。

（3）支付给金融业的服务费用：金融机构主要从事上述信息生产工作，此外还做一些帮助双方成交的服务性工作，他们会为这些工作收取服务费用。收到这钱后，依次支付了其员工薪酬（人工成本，金融机构从业人员工资普遍较高，但也不是都高）、运营成本，最后剩下的是归属金融机构的股东的利润（也就是资本成本，比如目前银行业 ROE 约 15%，较高）。如果这些成本过高，最终都算在利率里，就会导致"融资贵"问题。

有了上述定价原理，我们就能理解小微企业融资难问题。

如果客户非常微小，融资额也很微小，那么金融机构能够"瓜分"的收入更小，无法覆盖其成本，那么金融机构也不会为这样的客户服务，于是有"融资难"问题。比如一个小商户来问银行借 3000 元钱用于生意周转，按 2% 的利差估计，银行能从这笔生意中创造收入 60 元，而银行员工开车去实地尽调，汽油钱就可能不止 60 元了……这类客户，我们称为"长尾市场"。这种"融资难"问题的根源还是融资贵，因为金融机构运作成本太高。

金融机构的成本，也和制造业一样，分固定成本（银行行政办公开支、信息系统开支、办公人员工资等）和变动成本（业务人员工资、业务经费等）。服务一个客户，其收入必须覆盖其变动成本、产生毛利。所有客户的毛利加总，又必须覆盖固定成本，从而使整个业务有利可图。上述例子中的 60 元收入，即使能覆盖变动成本（假设办理这样一个业务变动成本 40 元，那么毛利是 20 元），但如果这项业务的固定成本还有 1 万元，那么银行也得做上 5000 个这样的客户，才能使这项业务总的毛利刚刚超过固定成本。若要有盈利，则需要做更多客户。而银行自身产能有限，能不能达到 5000 个以上的小微客户，又是新的问题。

所以，融资难与融资贵问题，相互交织，其实是同一个问题。我们将其主要要害归结为两点：

（1）信息不对称问题：缺乏可用来判断预期损失率的数据（或者数据获取成本奇高无比），金融机构无法用合理成本去评判或控制风险。

（2）长尾市场问题：客户融资额过于微小，金融机构能够从中收取的收入也很微小，无法覆盖其变动成本（或者单个客户虽能覆盖变动成本，但因客户数量太少，总毛利无法覆盖固定成本），因而不愿意做。

小微金融如何解决融资难问题

找到问题根源后，解决问题的方向就容易确定了，但真正实现却不容易。

针对信息不对称（缺乏可用来判断预期损失率的数据）问题，没别的办法，就是赶紧去找数据，没有捷径。在互联网时代之前，小微金融（小微银行、小贷公司等）其实也是在努力地想方设法找数据的。

比如，社区里一家卖油条豆浆的早餐铺，生意太好，高峰时段食客们根本坐不下，很多人发现没位置就走了。老板就想扩大店面，但自己本钱不多，若慢慢攒够钱再去租下隔壁店面，得花一年时间，到时候还不知道店面租金是不是涨价了。于是，他找到旁边一家大银行，想贷款，大银行说没抵押没担保做不了，但一家专门做小微的银行的业务员刚好在"扫街"（对小商户挨家挨户陌生拜访），邀请店主先开户接受基本服务。然后需要一段时间观察，积累用于征信的数据。所需数据，常用的包括"三品"：

（1）了解企业主（人品）。通过经常性拜访，以及与街坊邻居、早餐铺的食客们交流，掌握店主的人品。如果小微银行业务员本身也常年在这家店吃早饭，那么这个数据是现成的。这类信息是难以书面化的"软信息"，存在于社交关系里。

（2）了解业务量（产品，预测未来现金流及其风险）。小微银行业务员在早餐铺里待了两三天，观察其交易，数油条数豆浆，还要数面粉食油的进货量，自己编出大致的现金流量表（这些小店主自己一般是不会编制财务报表的），以及细心观察其生产经营的各种细节，比如有无使用"地沟油"等情况。这类信息是能书面化的"硬信息"，但平时没有将其书面化，所以业务员自己将其采集并书面化。这可是个体力活！

（3）抵押品。但小微企业一般没啥抵押品，有时会找人担保。

经过一段时间观察，业务员觉得这家早餐铺老板人品良好、经商诚信、业务无瑕疵、日常经营现金流能覆盖其贷款本息，于是就发放了一笔6万元的贷款，老板用这笔钱租下了隔壁店面，早餐铺扩大。这一案例其实是目前小微银行承做小微贷款业务的典型做法。这些业务员像小蜜蜂一样奔波辛劳，为小微企业主们解决融资问题（为花传粉，自己才能享受花蜜），是我国经济发展的功臣，受到国家高层赞誉。

小微银行的这种做法，相比大银行已改善了融资难问题，但仍不是彻底解决，仍有局限性。因为：

（1）信息不对称问题。通过辛勤的底层调研来收集征信所需数据，但调研边界十分有限，边界之外的无能为力。并且劳动量巨大，耗时耗力，无法大面积推广，效率仍有限。一个业务员大约只能服务100家客户，特殊情况下（比如服务同一行业的众多小商户）可达好几百家，但仍然有限。

（2）长尾市场问题。覆盖客群已大幅低于大银行，能做几万元额度的贷款，更低层的客群还是覆盖不了，比如几千元额度的贷款。

互联网金融如何解决融资难问题

互联网技术、大数据技术的引进，恰恰有可能进一步改善上述问题。

比如，电子商务网络的引进，使琐碎的小商户日常交易，变得书面化，历史交易数据详细地积累在电商网站的数据库里，包括现金流、物流等信息，也包括发货速度、客户评价、退货率等其他一切交易相关信息。再比如，社交网络的引进，将过去最难书面化的人品、身份、行为习惯、社交圈子等人格或行为数据，变得书面化。当然，这些原始数据是非结构化的，显得杂乱无章，需要文本挖掘、影像识别等技术的成熟，才能从这些数据中提取有效信息。现金流和人品两项数据书面化后，信息生产工作就可以开展了，有望克服信息不对称。

最后，互联网技术、大数据分析技术的引进，使信息生产变得自动化、批量化（前提是数据已经书面化），自动化使单笔业务成本很低（单笔交易的金额虽然小，但仍能覆盖成本），批量化使客户总量可以很高（使这类业务的总收入足以覆盖整体成本）。这样使得在长尾市场开展金融服务变得可能。如此，互联网金融（仅指放款这一环节）的原理已经明晰。

当然，互联网金融也不是万能的，也是基于数据，所以，前提是，商户在电商网络、社交网络或其他网络上积累下可信的书面化数据，然后还得结构化（结构化是指数据可以形成系统的表格，这样征信模型才能处理。有些非结构化数据，比如聊天记录，可以运用一定技术从中采集有效数据，实现结构化）。要是上述早餐铺没有"触网"，仅在自己实体店里卖油条、豆浆，那么互联网金融还是帮不了他。

目前，国家在大力推广电商，尤其在广阔的农村，这就是一个将民间琐碎的交易数据逐渐书面化的过程，为将来开展金融业务储备了数据。

比如，每年6月江南下起梅雨，浙东杨梅成熟，从前果农老张在果林里摘了杨梅挑到县城市场上卖，或者城里果商来乡下收购，这不会留下任何书面交易数据。现在农村通了网络和物流，他的儿子小张直接在网上卖杨梅，用专业物流发给远方的客人，同时又在网络上采购农资。每年出售杨梅收入多少、采购农资支出多少，电商网络里一清二楚，将来他们申请贷款时，授信就相对简单了。

所以，平民电商、农村电商带给商户们的变化，不仅仅是帮大家拓宽了销售渠道，排挤了高成本的中间商，更在于留下了书面交易数据，使将来申请贷款成为可能。从这个意义上讲，任何保留了书面数据的单位，都有开办金融的潜在空间。这也就能解释，为什么那么多企业想方设法"触网""引流"，看中的都是这块数据宝藏。这是金融平民化的过程，也是普惠化的过程。

互联网金融模式汇总

前文讲的主要是放款环节。放款是金融中最重要的事，但不是唯一的事。金融业务大致可划分为四大模块：存、贷、汇、撮。

存，原本指存款，目前泛指寻找资金盈余方，向他们组织资金。最为典型的是存款，此外也包括发行金融产品募集资金。这最需考虑的因素是资金成本。这一环节不用征信，但也要收集一些数据用来审核"投资者适当性"（即看看这个投资者的风险承受能力是否适合本金融产品），难度不大，因此早就可以实现互联网化了。

贷，原本指放款，现在就是指把组织来的资金，投到最终借款人手中。

这里的关键点是风险定价。前文已阐释了放款业务的互联网化。

汇，其实就是支付，完成资金交割与划转。目前由银行和第三方支付公司提供支付服务，支付服务的背后还有央行、银联等提供的清算服务。也已充分互联网化，一般情况下已不会去银行柜台汇款。关于支付行业的问题我们将在第二章讨论。

此外，还有一些协助成交的工作，比如撮合交易，最为典型的就是证券承销业务、经纪业务、介绍业务，暂且称之为"撮"。这一模块的工作是直接金融所特有的（直接金融介绍投融资双方直接交易，不再有清晰分离的存、贷两个环节），间接金融不存在这一模块，所以在过去间接金融主导的金融体系中，一般只谈"存贷汇"。本书后文涉及的互联网金融大部分为间接金融，因此专注于"存贷汇"三个环节，而P2P、交易所等为直接金融，可以视为"撮"。

传统金融和互联网金融的业务，都可以归纳至这四个模块之中。可以用一张表罗列四大模块中的典型业务（见表1-1）。

表1-1　　　　　　　传统金融和互联网金融的"存贷汇撮"

模块	线下金融	互联网金融
存	线下吸收存款、柜台发行各种金融产品等（已能够网络化，但部分中老年用户仍习惯柜台交易）	互联网银行吸收存款、P2P等企业在线上发售理财产品募集资金
贷	通过线下审核发放贷款、将金融产品募集的资金投向企业或证券	P2P、互联网小贷公司、互联网银行等公司的线上放款（目前真正能实现纯在线放款的企业非常少，如蚂蚁微贷等）
汇	已充分网络化	银行（结算端）、各清算机构（清算端）、第三方支付
撮	经纪业务、承销证券（其实已能够实现网络化，但仍然有部分线下业务，所以一般不视为互联网金融）	纯网络经纪商、仅做撮合的纯P2P、无中介服务的众筹

我们再来看下目前的实践情况。

"汇"是基本网络化了，"存"也能够网络化，但部分用户仍然习惯在柜台办理，主要是不会使用互联网终端设备的中老年人等用户群体。

"撮"（主要是直接金融）这一环节，网络化程度也非常高，但仍由中介机构（券商等）参与，所以不是大家平时语境中的互联网金融。通常意义的互联网金融是指纯网络券商、仅做撮合的纯 P2P（现有 P2P 大多是提供信用中介职能，不是纯撮合平台）、无中介服务的众筹（融资者自行在网上向众人实现融资）。这些业务在我国都已有了初步实践。

而"贷"这一模块，目前网络化程度仍然非常低，能想到的纯线上放款案例仅有蚂蚁微贷、京东金融等。而部分 P2P 公司，通过线上发行产品募集资金，而投放过程仍然是线下的（线下审核借款人），因此只能说是半互联网化。这没有办法，纯线上放款需要大数据，还得掌握对这些数据自动完成征信的模型与技术，其实国内就没几家公司具备。独立第三方的 P2P 公司不可能拥有大数据，各行各业企业旗下开办的 P2P 则拥有自己业内的部分数据，不够大，可能不足以支撑纯自动化征信和放款。

除了上述四大模块外，互联网金融公司还能够基于自己的信息技术优势，为金融交易者提供一些额外的增值服务。比如东方财富网的股吧服务，将社交融入金融业务中，也是一种独到的创新（社交也是人的一种需求）。

最后，我们总结为："存汇撮"互联网化程度很高，但"贷"互联网化程度仍然很低。所以，这也是未来互联金融最大的舞台。

互联网金融的明天

最纯粹意义的互联网金融，应当是"存贷汇撮"全模块实现互联网化。

目前国内尚未形成气候，主要是放款这一模块互联网化很低。某些机构能够在线上发行金融产品募集资金（存），但投向上没有实现互联网化，对借款人仍需线下审核，或者干脆就投向现有的资产，如信托产品、保险产品等。这是半互联网化，投资端未实现互联网化。目前，大多互联网金融公司均是这一模式。他们各怀绝技，能够获取不同类型的资产（诸如票据资产、大宗商品资产等，有些则通过自己的供应链能开办信贷业务从而获得信贷资产），有了这些资产后，再通过网上发行理财产品，将这些资产"卖"给网上投资人。本质上，这是一个借助网络实现资产证券化的公司，或者说，通过出售资产而实现了集资的公司（他们不能拉存款，所以先搞到资产，再出售给投资人，就不存在吸收存款这一动作了，但本质相同）。

此前，真正实现纯线上发放贷款的，只有蚂蚁微贷、京东金融等。蚂蚁微贷是纯线上放款的小贷公司。它依托阿里巴巴旗下电商网络的交易数据，自动完成征信，发放贷款。阿里巴巴旗下各电商平台 2016 年销售额突破 3 万亿元，交易数据庞大。蚂蚁微贷基于这些数据，为电商平台上的卖家、买家提供贷款。后来开设于 2015 年的浙江网商银行，其贷款业务也将延续这一逻辑。

纯线上发放贷款的门槛其实是大数据。实现纯线上发放贷款的前提，就是一大堆可用于征信的数据，并且这些数据完备到足以使你放心，放心到不必去线下找借款人见面验证。阿里巴巴拥有这样的数据，很多其他企业则没有。那其他企业就永远不可能开办真正意义的互联网金融了吗？天无绝人之路，我们还可期待第三方征信。

所谓第三方征信公司，它本身不是数据源，但它可以收集各处的数据，汇总在一起完成征信，然后把征信结果出售给放款人（收集、处理数据是他们的劳动，征信结果就是劳动成果）。放款人基于此，再加上自己掌握的其他情况，可作出放款决策。放款人包括银行、P2P、小贷公司等，也可以是个人。

这里注意几点：

（1）它必须是独立第三方。它不能是数据源（否则别的数据源不会把自己的数据给它），它也不能是放款人（否则不会将征信结果出售，而是自己使用了），并且它得有很高的公信力，只有这样，各数据源才放心把数据交给它，各放款人也才敢相信它的征信结果。遗憾的是，目前国内还没有这样的一家互联网机构（曾经只有央行的征信中心）。当然，像阿里巴巴这些机构虽然不是独立第三方，但其大数据已经足够大，够自己用了。

（2）第三方征信模式成熟后，放款者业务的价值弱化。比如银行，可能只需要根据征信结果把贷款投放出去就行，其最有价值的"信息生产"工作被剥离了。当然，这一天还非常遥远。

所以，整个互联网金融最具价值的环节，是大数据征信。我们在后面章节还会展开。

1.2 大数据金矿：画像与征信

珍贵的副产品

还是从上一节中的那个例子出发。

每年 6 月江南下起梅雨，浙东杨梅成熟，从前果农老张在果林里摘了杨梅挑到县城市场上卖，或者城里果商来乡下收购，这不会留下任何书面交易数据。现在农村通了网络和物流，他的儿子小张直接在网上卖杨梅，用专业物流发给远方的客人，同时又在网络上采购农资。每年出售杨梅收入多少、采购农资支出多少、电商网络里一清二楚，将来他们申请贷款时，授信就相对简单了。

不管有没有电商，杨梅树每年都结出美味的果实，果农每年都会做类似的杨梅交易。区别仅在于，电商交易，互联网平台上记录了一切，包括出货量、出货时间，还包括买方的信息，乃至买方们的评价（能够反映商品和服务的品质）。这就是数据的"书面化"，有了详细的记录，这是互联网时代带来的变化。以前银行的小微信贷业务辛辛苦苦采集用户信息，现在互联网平台一下子就做到了。随着书面化的信息和数据越来越多，大数据随之产生。

因此，大数据看起来像是其他互联网主业的副产品。然而，却是极其珍贵的副产品，其价值在后期慢慢被人们认识到，逐步开始体现。

很多构成大数据的信息，来自人们活动在互联网上的各种活动的记录。因此，活动越是高频，越能积累大数据。因为，只有体量足够大，那才称得上大数据。典型的高频活动的网络平台，包括交易类（电子商务最为典型）、社交等。因此，我们看到最为热闹的互联网平台是以电商为基础的阿里巴巴和以社交为基础的腾讯，形成了我国的两大互联网巨头，均拥有数亿级别的客户数量。自然，他们也成了挖掘大数据金矿的龙头。

后面的问题自然是：大数据金矿，怎么样变成手中的金钱呢？

数据—信息—决策

人类的一切决策均需要信息。例如，购物时，我们希望多了解产品与商家的情况；投资时，也希望深入了解投资标的的信息，以尽可能规避风险；再比如相亲时，了解信息的需求会更强烈。几乎任何决策都离不开信息，我们都渴望充分的信息。信息不对称就会产生成本，比如买到一件错误的商品。但是，数据不等于信息，数据是指一大堆无结构（或按它原始的结构）的资料，是堆积下来的原始的事实或结果。里面有数字、图片、文字、声音……杂七杂八，林林总总。大数据也是如此。而只有经过处理后，才会转变成可供决策参考的信息，否则就是一堆数据。

从数据到信息，然后形成决策，这是一个生产处理的过程。即使在信息时代之前，人脑决策也是沿用这一过程。只不过，以前我们用人脑完成这一过程，处理能力有限，而且精度不高。而后，到了信息技术时代和大数据时代，我们开始利用技术来实现这一过程，用算法和模型模拟了"从数据到信息""从信息到决策"这两个步骤。其本质还是一样的，只是技术手段更新了。依赖信息技术，我们可以实现更海量的数据的处理，速度更快，精度更高。当然，这并不一定意味着最后的效果更好，效果好不好还取决于很多因素，比如算法和模型的科学性。

大数据处理和应用的技术很快被大家关注。截至目前，通行做法是，基于大数据处理之后的信息，用于给用户"画像"，掌握他的种种行为特征，然后将这些结论用于最终的决策。而决策的场景，主要又有两种，营销和授信。这两个场景均是互联网金融里非常需要的。一方面，互联网金融和其他生意一样，首先要找到合适的客户，为自己的产品和服务找到合适的需求，这就是营销。而大数据为用户"画像"，有助于找到合适的对象，实现精准营销。另一方面，互联网金融的放款业务，还需要对客户的还款能力、还款意愿进行评判，掌握违约风险。尤其是后者，基于充分的信息，大致估测一批用户的违约率，用于风险定价（上一节中已有详细介绍）。

授信与征信

这种利用大数据来评判借款用户的还款能力或还款意愿，有时被称为"大数据征信"。海外已经有较成功的大数据征信公司，我们也有互联网平台实践过一段时间。其实，这种叫法似乎并不太准确。从这些大数据中提取的信息，确实可以用来协助判断信用状况，但和传统意义的征信并不是一回事。征信业务有明确的定义，是指收集、整理、保存、加工用户的信用信息，并对外提供征信报告、征信评估的业务。这里所谓的信用信息，主要是指与用户的信贷行为相关的历史数据，比如用户历史上申请、获取贷款的情况和偿还情况。此外，其他可能与信用状况相关的信息，比如闯红灯、地铁逃票、水电费没交之类的，也会被纳入。但说实话，后一类信息是否与信用状况高度相关，其实是打问号的。也就是说，经常闯红灯的人，是不是就一定是还款情况更差？还真不好说。

所以，最能预判一个人未来还款情况的信息，是他的过往信贷记录，这才是最严格意义的信用信息。征信业务，简单地讲，就是收集一个人的历史信贷记录，陈述历史事实，供放贷机构参考（信用报告）。然后也可以基于此对他的未来信用状况做出评估（信用评估）。如果一个人历史上每次都按时还款，从不违约，那么基于一定的模型，我们有把握相信，他未来还是大概率能够按时还款的。信用报告和信用评估，是征信业务的两大产品，而生产这些产品，主要基于的就是信用信息。

而我们前文涉及的大数据中，大部分都不是历史信贷记录数据，换言之，都不属于真正意义的信用信息。比如，淘宝网记录下了某人经常高消费购物，购买各种昂贵的商品，那么足以证明此人消费力很强。其收货地址又是某处高档豪宅。这些信息都可以证明此人财力雄厚，出手阔绰。但对不起，这些都不是真正的信用信息，有钱并不一定代表他肯定会按时还钱……但这些非信用信息，也不是一点用没有，它们多多少少也是与一个人的还款能力、还款意愿相关的（有钱的人，还款的概率终归是高一点的），只是相关性不如信用信息高。

但是，只有放贷机构才拥有放款业务，才拥有用户的信用信息（借款和还款记录）。各放贷机构还会把用户信用信息汇总到征信机构（比如，我国曾经只有央行的征信中心）。而大多数互联网平台在真正开办放款业务之前，是很难积累信用信息的。比如阿里巴巴在推出支付、金融业务之前，只拥有用户的购物记录等行为信息，不是真正的信用信息，征信无从谈起。但是，这些大数据越来越多之后，确实也反映了用户的一些情况，对他们的信用状况也有所了解，于是，阿里巴巴也开始试水放款业务。目前，阿里巴巴旗下有互联网小贷公司、互联网银行在从事放款业务。虽然它不是征信，但也不是一定不能做。只要大数据足够强大，能够大致完成一个用户的"画像"，那么也可以用来放款。

所以，不如改个叫法，称之为大数据授信，或大数据风控。当然，目前主流的叫法仍然是大数据征信。总之，有了大数据，哪怕不是最佳的信用信息，互联网企业也能够涉水放款业务，只是一开始要做得小心一点。然后，放款业务的客户量、业务量上升之后，慢慢就积累了真正的信用信息，到了一定阶段，真正意义的"大数据征信"就能够实现了。因此，大数据可以先用于尝试授信，放款业务先开展起来，然后开始积累信用信息，最后实现真正意义的征信，才有了可靠的放款依据。

征信的第三方独立性

收集数据，处理成可供放款业务参考的信息，是最为简单的征信原理。互联网平台掌握了多方数据，用于放款，但必须注意的一点是，由于各家平台拥有各自的一批数据，形成数据孤岛。常用的一个最简单的例子，就是我与客户在微信上约好上门拜访的时间，我按时赴约，在楼下打电话给他请他下来开门。这时，除非把电信运营商和微信的数据结合起来，否则是无从判断我是不是守时的。如果把分布于不同数据源的数据结合起来，便能够产生 $1+1>2$ 的效应，征信效果倍增。

此时，一个很现实的问题就摆在面前：（延续上例）电信运营商和微信，估计谁不愿意把自己的数据源共享交付给对方。大数据是各自掌握手中的金矿，不会轻易拱手让人。于是，最合理的解决方案，是设立独立第三方的征信机构，汇集不同数据源的信息。独立性，便是征信业的一点基本要求。这家独立的征信公司从各个数据源收集信息，汇总处理，形成信用报告或信用评估，再交付给这些产品的使用人（一般是放款机构）。而且，为了保持征信机构的独立性，一般情况下不允许征信机构自己从事放款业务。因为如果同样这些征信报告、征信评估的产品，自己也能用，客户也能用，那么理论上将存在利益冲突的可能（当然，这并不是说现实中肯定会冲突）。因此，放款业务会侵蚀独立性。

最终，一个真正意义的第三方独立的征信机构，一方面不能是数据源，另一方面又不能是放款机构，才能真正实现独立性。从这一结论再出发，那么阿里巴巴（蚂蚁金服）等公司利用自身掌握的大数据，并自行放款，这并不是真正意义的第三方征信，而是自己体系内的大数据征信，或说是机构内部的一种风控措施。也正是基于此逻辑，我国除央行官方征信中心之外的第一张个人征信牌照，便未发放给原来呼声最高的相关机构（它们有的是数据源，有的已从事放款业务），而是在监管部门主导下，新设立了一家独立的征信公司。2018 年 5 月 23 日，这家名为"百行征信"正式揭牌。芝麻信用、腾讯征信、前海征信等公司成为其股东。

第三方征信机构的基本工作逻辑，是汇集了众多数据（包括信用信息和非信用信息）之后，运用统计学方法，建立多个模型，尝试寻找出数据（包括原始数据，以及在原始数据基础上经二次计算出来的中间变量）与信用结果之间的相关关系，确定风险定价中的风险溢价（RP，即 risk premium），如图 1－2 所示。然后，依然使用历史实际数据，来验证这一模型的可靠性。比如，今年是 2018 年，可以拿 2012～2016 年的数据与信用结果，回归出一个相关关系。然后，再基于这个相关关系，遴选出一批客户，再然后对比 2017 年的信用结果（即这群客户的实际信用结果），用来观测这一信用评估模型的可靠性。通过这样无数次测试，最终慢慢找到可靠的模型成品，投入实际应用。

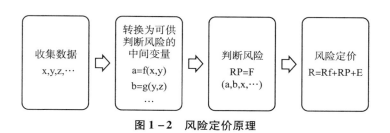

图1-2　风险定价原理

盈利模式的变更

大数据的二次开发与应用，使互联网平台的盈利模式产生巨大变更。原来的"主业"不再是主业，而是积累大数据的流程。大数据的衍生业务，反而成了"主业"。比如，电商平台、支付平台的服务可以低价甚至免费提供给用户，然后等着用户积累大数据，再然后从大数据中挖掘金矿。

这种商业模式容易理解，也容易被用户接受——毕竟，谁都喜欢免费。然而，当这种商业模式的公司，与还是以原来业务为主业的公司相遇时，一种不对称的战争就爆发了。以支付为例，有些支付公司一开始未设立虚拟账户体系，无法很好地记录用户信息，仍然将提供支付服务、收取支付费用为主业。这种"传统"的商业模式，在免费服务面前，价格明显处于弱势。因此，互联网时代、大数据时代，带来很多商业模式的变革，过于保守、传统的模式已难适应时代。

而这些大数据金矿，被辛勤的矿工挖掘出来，用于精确营销或放款授信（或征信），成为了真金白银，也构成了互联网金融中最重要的基石之一。本书后续的章节，仍然将多次触及这一部分内容。

1.3 如何开一家互联网金融公司

在理解了金融的本质，以及它的"存贷汇"三个关键环节之后，我们就初步具备了理论基础，然后就可尝试转向实践，去分析一家互联网金融公司能否成功。

金融业的职能

首先，我们回顾一下金融原理。金融就是资金的融通。投资者是资金供给方，暂时不花的钱想投资出去，以便将来能花更多钱（资源的跨期配置）。融资者是资金需求方，他能让这笔钱生更多钱（资源的优化配置）。资金需求方要向资金供给方支付资金的使用费，可以是约定利率（债权），也可约定利润分配方式（股权）。而金融企业所提供的服务，是撮合投资者和融资者，协助他们达成资金的融通，并从上述的资金使用费中提取一个比例，作为金融服务费。从这一角度出发，金融业和所有服务业一样，讲究量身定做。投资者有其独特的投资需求（比如某位土豪有很多钱投资，但希望稳定回报。另一人则金额较小，但愿意承担较高风险），融资者也有千奇百怪的融资需求，金额有多有少期限有长有短。金融业要使出浑身解数，尽可能满足各方需求。量身定制，是所有服务业的共同特征，金融也不例外。

当然，以前金融业不发达时，大银行们没有这种量身定制的意识，他们摆出有限的几种金融服务产品，坐等客户上门，你爱要不要。现在金融业市场化程度大幅提高，各种新兴金融出现，大银行们不服务的领域，草根金融来服务。这也会倒逼大银行们更好地服务，也就是常说的增量改革。互联网金融便在这样的背景下粉墨登场。

存贷汇三环节

金融形式再多样，终归脱离不了最为核心的三个环节：存贷汇。

存：让投资者（资金供给方）掏出钱来，实现其投资目标。最早实现这个功能的是存款业务。现代金融业已不局限于存款，但依然将这一环节比喻为"存"，泛指各种组织资金的业务。

贷：把钱借给融资者（资金需求方）。当然，你得收得回来，要控制好风险。最早是贷款，现在"贷"则泛指各种资金运用的业务。资金投放出去，就形成你的资产。

汇：实现资金的划拨转移。这可能是为了上述融通活动而做的资金转移，也可能是为其他任何交易所做的资金转移，后者数量更庞大，就是支付业务。"汇"就泛指各种支付业务。

依靠"存贷汇"三个环节，实现资金融资（如果是直接金融，则"存"与"贷"一体化，构成一个"撮"的环节，大致逻辑仍相同。本节主要聚焦于间接金融，因此暂不讨论"撮"的环节），如图 1 – 3 所示。

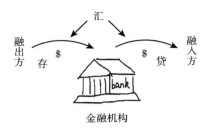

图 1 - 3　资金融通的"存贷汇"

开一家互联网金融公司，甚至是各种金融公司，最理想的是能把上述三点全做好，形成一个闭环。如若不行，把其中一点做到极致，也能非常成功。比如找到好资产，就不愁找不到资金。如果非要选择从哪一端入手，则可以从周期分析出发。

所谓的金融业务的周期性是指：如果把资金看成商品，那么"存"就是找供给，"贷"就是找需求，而供求关系呈周期性波动。比如（例子中先不考虑违约率这一变量，仅描述供需变化。违约率的事后面说），经济大好时，人人都在赚钱，于是大家都拼命找更多资本去赚钱，银行觉得放贷生意非常好做（但监管层知道这时放的贷款就好比大盘 5000 点时买的股票，所以会收缩银根，控制银行放款）；经济不行时，干啥都亏钱，就不来借钱了，资金供大于求，银行得找好企业放贷……周期性很重要，因为，做生意，最终都是去找稀缺的东西。金融业是中介性质，是对接供求两端，在周期的不同阶段，关注稀缺的那一端，才能找到盈利机会。

存：找钱

如果你能找到廉价资金来源，那么就可以将其投放出去，赚取利差。只要你的资金足够廉价，终归能找到可投的资产的。金融的原理就这么简单。可惜，没有人会没事把钱搁你这，还不计较利率。以前，这种事似乎只有银行能做到，大家没别的投资品，只能把钱存银行（储蓄功能），利率按国家规定的来。

但后来，有些企业发现有些办法可以让别人把钱存自己这里。

（1）在日常的业务资金收付中，拖欠上游资金，或者让下游提早付资金。比如一家叫 A 的企业进了一批货，要付供应商 100 万元，先赖着不给，这 100 万元就是给自己白用一段时间了。对下游也是同理。当然，这种做法的前提是自己够强势。拿着这种完全无息的钱，哪怕存银行也是赚利差。

（2）开办支付业务，沉淀资金。最早出现的支付企业是商业企业的单用途预付卡（只能在自己旗下的商店使用），用户花钱买走一张预付卡，相当于向该企业支付了预付款，拿到一张提货单（预付卡）。以后拿这提货单去提货。企业收到一大笔预付资金，不用付利息，存银行、炒股票甚至炒房的行为都有发生过（赚取利差）。后来，我国开始出现带有虚拟账户功能的网络支付公司，使网络支付也能收"预付款"，有了一大笔资金。按照国际惯例，这笔资金的利息归属支付公司（和预付卡一样赚取利差），但监管要求这些资金不能挪用于其他投资（本书后面还会重点分析支付行业）。

（3）银行结算存款也会留下。大家的投资渠道多起来后，储蓄搬家，但总不可能把存款搬得一分不剩的，会留下些存款日常开支用，形成了不以储蓄为目的的结算存款。交易环节沉淀存款资金，并用来放款，其实是银行刚刚起源时的做法。

所以，除了银行储蓄存款外，其他手段收集廉价资金，只能通过支付结算活动（银行结算账户的存款、企业资金来往占款、支付业务的预付卡等）。后来，我们把这些"结算环节"取名叫"场景"。只要你拥有特许场景，用户不得不到该场景中进行某些资金活动，那么就多多少少能沉淀资金。支付就是一个很好的场景，能收集沉淀资金。

所以，我们总结，这一种以"存"环节为起点的金融模式，有了廉价资金再去找可投的资产。最为典型的是早期的银行，"存款立行"或"负债驱动"。当然，由于收集廉价资金很难，所以其实能做到这一模式的企业很少。如果你找不到场景，那么只能靠诱人的收益率去吸引资金了。能给到多高收益率，取决于你能为这些资金找到多高收益率的资产（庞氏骗局除外）。所以，我们开始分析另外一种金融模式，以"贷"环节为起点。

贷：找资产

继续上面那个例子，A 企业霸占着本应付给供应商的资金。于是，银行找到那个可怜的供应商，对他说：人家欠你钱，但我们相信人家早晚会还（人家可是信誉卓著的大公司），不如我先帮他把钱垫给你，你付我点利息。供应商算了算，利息真不低，但终归能早点拿到现金，于是咬咬牙答应了……于是，供应链金融诞生了，想起来貌似有点坑人。或许再后来，那个欠上游钱的核心企业发现，银行能给这些上游放款，干吗我自己不放？于是纷纷进军供应链金融。

什么是资产？简言之，能生钱的东西就是资产。

比如，一个摄影高手，每年能够拍很多照片发表赚稿费。后来他的相机丢了，但穷得买不起新相机（"自己的钱买不起相机"是关键，否则没有融资需求），于是他发起众筹，筹一台相机，承诺把一年稿费的一半按出资比例派发给众筹参与者。一个众筹参与者参与了 100 元，这 100 元就是参与者自己的资产。

资产生钱的方式有两种：一是这东西能产生现金流。比如摄影高手的相机，是能制造现金流的。二是这东西的价格本身会涨，会有人以更高价格买走它，比如前几年的房子。当然，从资产定价原理上看两者是一样的，资产价格都是未来现金流的折现。但从现金流匹配角度，则明显第一类资产更好。第二种资产，首先是平时没有像样的现金流（只能匹配长线投资者），其次是未来还得卖得掉（流动性）。但价格真炒太高，总有一天会卖不掉的。美国次贷就是这样一种不基于日常现金流，而是基于价格上涨的资产。从金融业的周期性角度而言，目前经济不太好，赚钱机会少，就意味着能生钱的资产太少，是资产荒。所以，这个时候，谁能找到好的资产，谁就掌握议价权。

总结一下，这是以"贷"环节为起点的金融模式。由于每个企业多多少少都能掌握一些别人无法复制的核心资产，所以该模式较能通行。该模式的最大问题是，某个企业所能掌握的资产终归是有个天花板的，比如最顶尖的摄影高手也不可能一年 365 天每天拍出能卖高价的大片。

金融的逻辑是杠杆。资产的空间是很要命的变量。金融业的高盈利，就是在于找到更多资产。比如融资者愿意支付 10% 的高利息（先不考虑风险），如果我们自己掏钱借给他，我们只有 1000 元，就只能赚 100 元。而如果我们去找到 10000 元的资金，给融出方 8% 利率，利差 2%，那么也就能赚 200 元（高过我们拿自己去放款的收益）。其前提是，融资者想借入 10000 元。如果他想借入更多（资产空间更大），我们就能赚更多钱。这个几乎是无限的。所以，找到资产是关键，并且是远远高过自己自有资金的资产（这才会有融资需求，才会有高杠杆）。

但大数据的出现，使制造资产的想象空间更大，可远超过自有资金。互联网进入 Web 2.0、UGC 时代之后，开始积累大量的数据。大数据在金融领域的应用，主要就是精准营销和征信（征信可视为放款领域的精准营销）。

某个人在网络上的种种行为，点点滴滴被记录，通过对这些数据的加工处理，形成了对此人信用水平的判断，评估这类人的预期损失率（风险能够定价，在收益率里把这预期损失率加上就行），从而能够对其放款，产生了一块资产。这种资产是前大数据时代不具备的。所以，大数据（金矿）通过处理加工就形成新的资产（黄金），或者大数据本身就是资产（金矿和黄金都是资产）。

于是，有些企业原本不具备良好资产，但拥有大数据（以及大数据处理能力。如果自己没处理能力，对外卖大数据也行），也能找到好的资产。大数据怎么找？一般来说，各种企业都拥有或多或少的数据（比如一个核心企业，掌握着上下游的交易数据，对上下游企业的信用水平是有评估的）。企业也可以慢慢积累大数据，这又再次提到"场景"。场景就是让用户来此开展某种活动，活动的过程中留下数据。上文已经提到，支付就是一个很好的场景。当然，能积累大数据的还有其他场景。

最后，有了资产，比如找到10%稳定回报的资产，那么再去市场找尽可能便宜的钱，并不是难事。比如现在，按6%～8%（期限不同）发个互联网理财产品并不难，自己赚利差。这就是以"贷"环节为起点的金融模式，是"资产驱动"。

汇：支付

最早的非现金支付，是银行（古代是票号，见图1-4）帮助协助资金转移，银行收点手续费。当时，这就是一种服务，解决了用户的一个问题，但重要性水平似乎不高。

图 1-4　山西平遥日升昌

但慢慢地，人们发现支付有两个副产品：

（1）沉淀资金。钱在银行体系内汇来汇去，沉淀下来了一堆资金，威尼斯的货币商人发现可以将其放款赚钱。近代银行因此诞生。由此可见，通过支付沉淀资金是多么的"神来一笔"。

（2）积累数据。银行通过观察企业的现金收付情况，能够判断企业经营是否正常。但这种数据的处理，最早是通过银行员工的经验判断（也很有效），还不是互联网大数据的概念。

电子商务兴起后，我们在网络上付钱，留下大量交易数据。从这大数据中挖掘出了信用信息，从而能够实现放款。而在此前，征信环节一直是客户经理对借款人实地调查才能实现。支付，成为大数据的来源，大数据又是资产业务的重要来源。这原理和银行员工手动观察分析企业支付数据，本质是一样的，但工具变得更高效了。

由此可见，支付的重要性水平猛然提升。一边能够沉淀资金，一边能够积累大数据，是重要的入口。一边是资金来源，一边是资产，完美对接。但前提是把支付的交易量做起来，这就是找场景。场景又可分两种类型：

一是自己把持的某个场景（特许场景），可以充分介入。比如三大运营商如果突然宣布，话费充值只能用他们自己的第三方支付工具，那我除了骂脏话之外没有办法，因为我不能不用手机。所以，特许场景就是，你的地盘，听你的。

二是并非自己把持的场景（非特许场景），就只能比拼服务，看谁的支付服务更高效。高效包括：便利性、安全性、成本收益（有无手续费或红包、返点）等。这就是个竞争惨烈的红海了，比如大商店里，收银台上摆着多台各式 POS 机，你就能知道这种非特许场景，支付的竞争有多激烈。

所以，想在非特许场景中占据一席之地，要么就是能够开发出顶尖便捷的支付工具，要么就是烧钱给红包。现在，这个市场已经被支付宝、财付通等寡头占据，一般小企业，除非有独门绝技，否则真的不用太打这方面主意了。新兴企业还是应专注于特许场景，看自己有没有比较独特优势的交易场景，自己能够高度控制，在里面开展支付（或其他业务）来积累数据或资金。

最后一个问题可能令人绝望，就是假设支付行业运转起来了，要多久才能积累出有用的大数据？支付宝和银联商务（分别是线上线下的两大巨头）的经验，是十年（那些才申请了支付牌照就讲大数据故事的公司，请务必冷静一下）！

生态系统或闭环

沉淀资金几乎只能靠支付，但积累大数据倒不一定靠支付，很多信息技术手段能够积累大数据。再用大数据生产资产，对接资金。这就是互联网金融的基本生态，构成了一个闭环。

而支付想做起来，要么是有自己的特许场景，要么就是让用户体验高效（高效包括用户的便利性、安全性和成本收益——给红包主是收益的一种）。而且，积累数据也需要时间。

最后，上述整个分析过程，归纳在图1-5中。

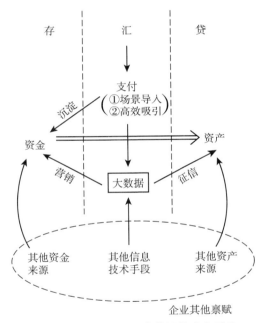

图1-5　存贷汇各环节共同构成金融业

正如前文所说，一个企业不用存贷汇都做到完美。如果企业自身能找到足够的高收益资产（可能是他天然就有的，而且超过其自有资金总量），那么他去找资金不是难题，支付场景也不是必需的。

那么，各位就可以先找找自己的禀赋：

（1）有没有收益较好较稳定的资产，而且总量可观，自己的资金又做不完；

（2）如果没较好的资产，那么自己有没有掌握某种大数据，可以通过征信等方式，生产资产；

（3）有没有独门特许的场景，可引入支付（或其他活动），积累大数据或沉淀资金。

我们再将这一甄别过程画成示意图1-6。

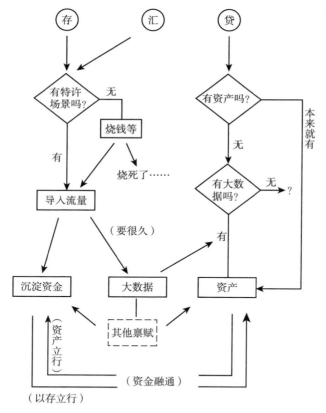

图1-6 企业根据自己的禀赋介入存贷汇

所以，互联网金融的逻辑真的很简单，几张图就画出来了。但是，能不能找到场景、能不能找到大数据、能不能找到资产，则看各自的本事了。

最后，是老生常谈的监管问题。既然是金融业，就要接受监管。互联网金融也是金融，将来互联网金融各业态都会发牌照，就不存在"互联网金融由金融企业主导还是由互联网企业主导"这样的问题了。因为领了牌照后，不论出身如何，都是正规的金融机构，但都要纳入监管。

合规要求有很多，起码的要求包括：资产风险要有评估，要卖给适当的投资者（高风险资产不能卖给弱势群体），并充分披露资产信息；投资者的资金要有管理，不能随意挪用；等等。目前，很多要求有些互联网金融企业还没做到，甚至不排除一些浑水摸鱼者在做偷鸡摸狗的勾当。这些都有待监管完善后逐步改善。

1.4 淘宝十年回忆录：交换—贸易—金融

本书前文已经阐述了互联网金融的金融逻辑，也尝试提炼了实践中如何去分析一家互联网金融企业。接着，我们选取一个实例做具体分析。而互联网金融的发展之路上，阿里巴巴无疑是一个无法回避的经典实例。尤其是淘宝网成立以来所走过的十几年长路，仿佛就是一部人类经济史、金融史。

我们从淘宝网成立的 2003 年说起。而此前，成立于 1999 年的阿里巴巴（B2B）已经运作了 4 年左右，并于 2002 年开始盈利。当时阿里巴巴并不出名，据当时做外贸的朋友说，国内贸易会使用阿里巴巴，但对外贸易则用另外一家更大的 B2B 网站。当时网络业正从 1999 年第一次网络泡沫崩溃中复苏，大家正在热烈地讨论和实践电子商务。在校园中，我和很多同学一样，办网站，并尝试在网站上卖东西。当时网络信用环境并没有大家想象得那么差，你做个网站，摆出商品、价格和联系方式，别人搜索到了，就会来询问，谈好了就直接汇款过来（我于 2000 年的第一笔网上购物也是通过邮政汇款，当时银行汇款也不方便）。我们收到款后，就把东西寄过去。很多人还是愿意给远方的陌生卖家汇款的，但更多人可能觉得这样有风险，所以不愿意网上购物。除自建网站外，当时也已经开始使用易趣网这样的 C2C 平台，一般使用拍卖的形式，但易趣网向交易双方收费，因此在国内热度不高。

从偶然交换到贸易

2003 年淘宝成立时，由于有易趣的使用经验，我马上就觉得这可能是一个易趣的翻版，并且是免费版。

最初，没有支付宝，大家的支付方式和开始时一样，买方直接向卖方汇款。这当然是有很高风险的，很多人不敢这样轻率地汇款。即使不考虑风险，这种做法的效率也很低，很多买家得跑到邮局或银行办理汇款，并且有手续费，网上银行在当时并不普及，手机银行更是闻所未闻。为解决这一问题，淘宝设计了支付宝，先由买方将货款支付给支付宝，买方收到货后再确认收货，卖方才收到货款。这一"信用中介"功能是里程碑式的，交易活动多起来了。

但其实有一点需要注意，即跳蚤市场和商业市场的区别。C2C 起初定位有点像跳蚤市场（双方把自己不用的东西拿上面交易，目的是处置闲置物品，这不是一个严格意义的商业市场，商业市场的目的是赚取利润）。淘宝一开始的定位是什么现在无从考证，但至少在成立之初也是跳蚤市场，在上面能够买到很多大家摆上来的稀罕物品，包括我现在收藏着的很多绝版唱片和书籍，都是当时在淘宝获取的。而我自己有些不再需要的书籍唱片乃至其他用品，也在上面变卖了。再后来，我发现学校书摊有很低折扣的正版书籍（可能是印刷厂的次品，大书店不要，书摊上三折左右在卖），外地买不到，我加个差价，按六七折放到淘宝上，注明印刷有瑕疵，也会有很多人买（当时当当网等网上书店卖书在九折左右），以此可以赚取一点价差。因此，渐渐地，从跳蚤市场，逐渐有了商业市场的味道。同时，我发现淘宝上非跳蚤性质的店也渐渐增多了。

讲到这里，精通人类经济史的朋友或许能够联想到，人类的贸易活动也是这样，有一个从偶然交换到为利润而交换的过程。最初，人类生产了只够自己使用的物品，比如河姆渡人烧制陶器，用来煮肉吃。后来，生产有些富余，陶器多出来几只，有些多余，就拿去和别人换自己刚好紧缺的物件，于是有了偶然的交换行为。再后来，有的人发现自己做的这些陶器很受欢迎，而别人做不了，他们也喜欢自己做的陶器，于是粮食也不种了，专门做陶器，拿出去换回自己所需的衣食等物品。这时以利润（起初是以实物形式表现的利润）为目的的交换便产生了。这便是工商业的起源。交换行为越来越多后，物物交换显得麻烦，作为一般等价物的货币就出现了。

这一过程，和淘宝几乎一模一样，先是偶然交换（跳蚤市场），而后发现商机，开始商业。淘宝就是把人类贸易活动的起源又在网络上演绎了一遍。当然，货币起源这个环节不用重演了，因为货币现成的。后面我们还会看到，淘宝还会重新演绎一遍人类金融活动的起源。

然后，不出意料之外，淘宝最终更进一步，成为商业市场，即大家是为了获取利润而在上面做生意（不再是跳蚤市场）。这大幅受益于阿里巴巴此前的运作经验，从而使淘宝不会局限于做一个跳蚤市场。换言之，淘宝是一个义乌小商品市场的网络版。这其实是淘宝一个很关键的质变，从此它走上了和当时的易趣截然不同的路径，成为一个网络版的小商品城。

淘宝（后来又有了天猫。天猫虽是 B2C，但一开始也是"小微企业 2C"，所以和 C2C 区别并不大）将 C2C 模式发挥到了极致，交易规模慢慢变大。原本我们这些电子商务的早期实践者，最终被职业卖家所替代。也就是说，阿里系统里汇集了大量的职业卖家，他们在上面售卖商品，并以此为生。不知不觉，这个群体如此之大（再加上上下游，比如淘女郎模特、店铺设计员、快递员等就业形式），以至于阿里成为解决就业的功臣。

从贸易到金融

随着贸易的发展，伴随着大量现金的流进流出。这时候，总会有生意好的人，存下大量现金，产生理财需求。而又有人想借钱进货，扩大生意，于是有信贷需求。而汇兑行为，又会使汇付服务商（就是支付宝）手中沉淀下大量现金，可供出借。

熟悉近代金融史的朋友已经联想到了，这便是意大利等地近代银行业的起源。威尼斯的商人需要向海外汇款，或兑换货币，而坐在河边板凳（意大利语 banca，而后演变为英语 bank）上的商人提供这些汇兑服务，最后他们自己手上沉淀下很多在途资金。后来他们发现这些沉淀资金虽然每天有进有出，但最终的余额是稳定的，于是他们将这些钱借给商人（他们拿去做生意），并赚取利息。近代银行于是诞生。

只可惜，支付宝虽然有大量的沉淀资金，但监管办法规定不能拿去放贷（而要托管在银行），因此支付宝最终没能直接变成银行。但是商人们的信贷需求、理财需求是存在的，于是阿里巴巴自己拿钱出来，开办了阿里小贷公司，给他们放贷款（商户们的历史交易记录足以用来证明其资信水平）。同时收购了基金公司，开办了余额宝（货币市场基金）业务，提供理财服务。因此，阿里金融成型，这也是对人类近代金融起源的一次网络重演。

讲到这里，其实只是把淘宝十多年的历程解读了一遍，我们最终的结论：阿里的历程，只是人类活动在网络上的重演。因为比起现实世界，我们多出来一个网络虚拟世界，因此现实中的历史又重演了一次。我相信，历史选择阿里是有偶然性，但没有阿里，也会有其他人来承担这一角色，这是历史的必然性。历史总是偶然性与必然性的结合。这也从另一个角度说明，互联网金融的逻辑和金融的逻辑，并无本质不同。

小结：两次重演与银行问世

首先，我们先看第一次重演，即对商业贸易起源的重演。这次重演，其实就是义乌小商品模式的网络版。义乌模式，刚刚成立之时，也背负着"假货""逃税"两个标签。这和如今的阿里一模一样。我只能说这有其规律性，不必过度谴责阿里。当然，我也知道必然会谴责阿里，正如当年质疑义乌一样。怎么办？打假是肯定要做的，义乌、温州这些市场前沿地区都经历过打假的过程，积极配合打假就对了。至于逃税，这也是事实，不必否认。但我也不赞成国家就得马上征税，因为国家出于支持小微的目的，暂不课税也是合理的。当然，这会对线下商户是相对不公平的，这个问题另想办法。

其次，再看第二次重演，也就是由贸易衍生出金融。曾经的争议，是在于阿里金融是否会颠覆传统金融。对于这一点，我觉得更是无中生有。在可预见未来内，阿里金融依然定位于自身的客户群体，比如这些网络商户。阿里通过分析网络商户们的历史交易数据，来为他们提供信贷服务，皆大欢喜（据了解，目前阿里小贷的资产质量还是不错的）。这些商户根本就不是传统银行业的覆盖范围。所以，阿里金融与传统银行，客户定位截然不同（至少信贷领域是这样），阿里金融弥补了传统银行的空缺，是好事，为何有冲突？至于余额宝，则是因为其诞生于2013年"钱荒"时期，收益率超高，因此吸引了大批客户。放到平时，大家收益率相近时，也就没那么大吸引力了，所以说余额宝分流存款也是危言耸听（存款分流确有其事，其实是历史规律，银行行业转型中的正常现象，有没有余额宝都是一样）。

而在我国现阶段，银行业仍然是金融的主要子行业。所以，从开办金融，到开办银行，也是顺理成章的事。目前来看，浙江网商银行商业模式日渐清晰，基于阿里掌握的大数据发放贷款，支持网络上的小微商户和消费者。阿里体系每年超过 3 万亿元的电商交易额（以及其他数据），为浙江网商银行提供了广阔的业务空间。

【本章小结】

互联网金融的本质依然是金融，引入了更高新的互联网技术、信息技术手段，但仍然要遵循金融业务的根本原理。基于金融的原理，为实现资金融通，必须实现风险定价，即合理预测资金使用方（主要是借款人）的预期损失率，从而将损失率作为风险溢价体现，风险得以分散，金融服务提供方也能获得合理回报，并使业务长期可持续发展。

但实践中，借贷双方的信息不对称问题长期存在，尤其在小微企业、弱势人群等群体上表现得尤为突出，导致金融服务不足。各界人士也为此进行了长期的努力，取得一些成效，但仍不够令人满意。互联网技术、信息技术日渐普及之后，尤其是 Web 2.0 兴起之后，各类互联网应用成为积累大数据的手段，用户的各种行为活动（包括购物、社交、出行、就医等）得以书面化留存，有可能成为破解信息不对称的突破口。利用互联网积累的大数据，通过一定的技术处理手段形成信息，用于评判用户信用，给予放款，从而将金融服务覆盖到了现有金融体制无法覆盖的领域。因此，互联网金融功勋不可否认。

因此，互联网金融，核心的创新之处是大数据。将庞杂的大数据，转换成可用于金融业务的信息，即所谓大数据征信，也显得尤为重要。然后，换一个角度，一家互联网企业或其他企业，如果拥有一定的大数据资源，均有可能开展金融业务。而积累大数据，又依靠所谓的交易场景，即吸引用户到本平台来活动的场景。场景带来各种交易，将留存下丰富的数据（以及其他资源，比如资金沉淀），经处理成为有用的信息，可能用于金融或其他业务。因此，对场景与大数据的争夺，成为企业进军互联网金融时的先决条件。阿里巴巴（及蚂蚁金服）等互联网金融的先行者，也遵循了这一根本逻辑。

2 支付的原理

支付是金融的重要组成部分，它实现了资金的交割与转移。互联网金融浪潮中，支付行业先人一步，但也带来一些争议。而理想中的支付行业该是什么样子呢？

首先，在本章的 2.1 节，我们从支付行业的发展演进出发，整理出它的行业逻辑。2.2 节，我们从监管的角度，陈述为什么监管层希望是这样的行业逻辑。然后，我们选取了移动支付这一新兴的子领域作为实例，同样分析其行业演进和监管意图，形成 2.3 ~ 2.5 节。2.6 节、2.7 节则是我们从两个角度（入口和清算），对监管意图实现之后的支付行业做出一个大致的描述。最后在 2.8 节、2.9 节，从货币演进的角度，畅想未来的支付。

2.1 支付简史：从贝壳到互联网

什么是支付

支付，是货币的转移，本质是价值的转移，通俗讲就是付钱。其动因可能是购买产品或服务，或是投资、借钱等。自从人类有了货币，就有付钱的动作，因为支付是货币的基本功能之一。

在实物货币时代和纸币时代，付钱似乎没什么好研究的，就是把钱递给对方。比如某河姆渡人用海贝作为货币，向别人买了件陶器。一手交钱，一手交货，是最古老、也是最常见的支付方式。

后来贸易范围扩大了，比如清朝初期的山西商人把福建茶叶贩卖到蒙古，收到一堆银子，如果大老远用马驮回山西，怕山贼野狼。于是他找到老乡在蒙古开设的票号分号，把银子交给他们，拿到一张银票，拿着银票，返回山西后从票号中取银子。这就是"飞钱""飞票"，早在唐代就已出现。它就是早期的汇款，它的出现意味着人类首次实现了远程支付。

而如果票号信誉良好，那么存款人甚至不用取银子，直接把银票当钱支付出去就行。这意味着出现了"存款货币"，也就是直接把银票（存款凭证）

当钱花。

至此，货币主要的两种存在形式均已出现：现金和存款。不同形式，可用于不同的支付场景。而支付场景也有两大类型：现场支付和远程支付。现场支付是指收付双方现场见面完成交易，也叫近场支付。这些分类将贯穿本书后文。传统上，现金适合现场支付，存款则大多是远程支付，有一定分工（见表2-1）。

表2-1 现金货币、存款货币的场景分工

类型	现场支付	远程支付
现金货币	很多	很少
存款货币	很少	很多

有了这些基本分类后，我们后续就可清晰地看到，人类的支付行为，一直在技术的推动下，不断更新发展，从最早的贝壳，到金属制币，到纸币，再到互联网，最新的还有区块链。而现金、存款两大类货币，则基本上沿着各自的技术演进，在不断向前发展。我们分别叙述。

适用于现场支付的现金

现金，是指拿在手上的货币。最早是贝壳，后来是贵金属，目前主要是纸币，但电子现金也已出现。当然，电子现金不能拿在手上，它得储存于电子存储介质里，比如一张IC卡，或者硬盘，它附有防复制的安全技术。各种电子存储介质可比喻为"电子钱包"，电子钱包可拿在手上。

现金的特点是不记名，若遗失就难以追回。其优势是方便迅捷，一手交钱一手交货，钱货两清。因此，现金支付的主要应用场景，就是当场交付，即"现场支付"或"近场支付"。传统上，现金较少应用于远程支付，真想用，则可把现金（纸币、贵金属）邮寄给对方（或者托人捎过去）。其实邮寄现钞是被邮政法规禁止的，但是由于邮政法规同时还保护寄信人的隐私权，一般不会拆信查看，所以邮寄现钞的现象在过去其实屡禁不绝。其风险是邮寄遗失。当然，这种邮寄现钞毕竟不多，传统上，现金的主要应用场景还是现场支付。

现金的历史演进，基本上是其载体的技术进步。从最早的贝壳、帛等实物，到粗糙贵金属，然后有了金属铸币，再后来有了纸币。目前人类的现金最为主要的载体就是纸币，金属铸币为铺。而更高级形态的电子现金也已出现多年。

电子现金略为复杂。它是存储于电子存储介质中的现金，如果是现场支付，一般是用一个读取 IC 卡的设备（拍卡或插卡），基于一定的技术标准和授权，将 IC 卡里的电子现金"拿走"，存到他们的存储设备上。最为典型的是交通卡。

而电子现金还可用于远程支付，即把电子现金直接用网络发送给对方。这也依赖一定的技术标准和授权。对方收到后，存到自己的电子钱包里。但很可惜，目前电子现金并不怎么流行，使用范围不广。究其原因，主要还是很多原本电子现金应用的领域，存款货币支付已有很好的解决方案（后文分解）。而现金未来还会不会有更高级的形态，目前已不得而知，"无现金社会"的讨论却已经开始，现金未来成为历史，也不是没可能。

因此，一般来说，远程支付不是现金的主战场，现金（不管纸币还是电子现金）主要运用于现场支付。再加上现金有遗失风险，所以大家身上一般不会没事放好几千块现金，一般也就几百块，所以现金支付大多只用来应对现场小额支付。

适用于远程支付的存款货币

而存款划转的支付方式，通过支付指令实现存款划转（如果是跨行还涉及清算），开始主要适用于远程支付场景，后来银行卡的出现，才使其应用到了现场支付。近现代银行业的普及，使银行存款货币取代了纸币，成为主要的货币形式，在货币总量中占比很高。存款货币的支付，本质上是存款的转移。更具体地讲，就是付款人向自己的存款账户发送一个指令，把资金划到对方的存款账户上，逻辑非常简单（见图 2－1）。

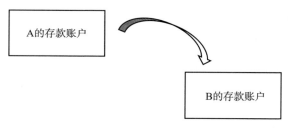

图 2－1　存款转账支付

划款指令包含很多信息，但至少包括：

（1）账户号：说明从我的哪个账户划钱；

（2）身份验证：密码或身份证等，用以证明这个账户是我的；

（3）对方收款账户信息等；

（4）金额：划过去多少钱。

由于存款不是随时手持的，所以需要通过银行网点、ATM、网上银行、POS 刷卡等方式，向银行发送这个划款指令。银行收到指令，通过身份验证，就把款项划至对方账户，支付就完成了。

以在 POS 上刷卡消费为例。刷卡的动作，就是输入账户。然后再输入密码，完成了验证。这样，我银行卡的资金就划转至商户账上，完成存款货币的支付。

如果是收付双方开户在同一银行，存款划转就非常简单，不涉及清算。如果开始在不同银行，那还多一个跨行清算的过程。清算，是结清银行之间的债权债务。

比如，我拿着建行卡在工行的 POS（这意味着商户开户在工行）上消费100 元。建行从我的卡上划走 100 元，此时它欠工行 100 元。日终，银联清算系统完成每日清算，建行向工行偿付了 100 元。次日，工行将这 100 元打到商户账上。

银联是国内银行卡清算组织。此外还有其他清算机构，均负责银行间债务债权关系。这样，就形成了二级银行制度，即"清算机构—银行—用户"。清算机构一般由央行主管或主办。

如此，我国建成了完善的支付清算体系，人们在银行开立账户，便可完成多种支付，包括汇款、银行卡刷卡等。而银行背后还有央行主管的各种清算系统，轧清银行之间的债权债务关系。值得注意的是，银行卡的出现，使存款货币能够应用于现场支付场景，这也打破了传统上"现金适用于现场支付、存款适用于远程支付"的分野。相比起现金，银行卡省去了携带、清点现金的麻烦和风险，存款账户对现金形成绝对优势，现金开始逐步被替代。

这也就是过去几十年中支付领域中最明显的特征：存款货币的支付逐步对现金形成替代。

支付公司：从协助者到搅局者

进入 21 世纪以来，随着电子商务等业务的发展，互联网支付的需求开始兴起，这也是一种远程支付，于是支付场景日趋复杂。

在互联网支付出现之前，电子商务是依靠银行或邮政汇款来完成支付的，非常麻烦。后来有了互联网支付，最早由银行提供。一家电商网站，为方便客户支付，需要和银行开通支付网关。这样，客户下单后，选择该银行，就会跳转到该银行网银支付的界面，完成支付。这里所谓的互联网支付，本质仍然是存款划转，即从买家卡上，划转至商家的账户上。

此时，网站得和一家一家银行谈开通支付网关的事，非常烦琐。而银行也得接待一家又一家的电商支付业务，也很崩溃。为解决这一问题，第三方支付中介问世。它其实就是个大网关，对接了所有银行，电商网站与之连接。网购客户选择该支付方式，就会进入支付中介的页面，在该页面上再选择自己的开户银行，就会跳转至该银行的网银支付界面，然后完成支付。支付公司缩减了银行和商户的谈判成本，协助了资金划转，便利了银行和用户，是一记大功。

这里，第三方支付中介就是个大网关（通道），支付的实质，仍然是存款的划转。支付宝等知名支付公司，都仍保留了网关功能，在支付环节选择"网银支付"，便可跳转至银行网关支付（也就是存款划转）。

借助支付公司通道进行的网关支付，以及后来的快捷支付，其本质仍然是银行存款划转，因此称不上是什么大革命。只是因为带来便利性，获客户认可。

在这批支付公司出现之前，银行已垄断了支付业务几百年，大家都不曾想过还会有一类企业竟然专门提供支付服务。因此，它们的出现确实是一个划时代的大事。

但是，后来情况有了微妙的变化。2003 年淘宝 C2C 的电商模式在国内推出后，面临一个新任务，就是要解决买卖双方的不信任问题（B2C 是大企业开办购物网站，消费者能够信任它）。为此，马云 2004 年专程找银联寻求帮助，但可惜当时银联刚成立一年多，双方没谈出什么实质成果。为此，淘宝自行推出了支付宝，它包括一个虚拟账户（称之为虚拟，是因为与银行账户相对而言）。买家支付的货款先支付到卖家的虚拟账户，但余额先冻结，待收到货后，再由买家通知淘宝将货款解冻，余额就存于卖家的虚拟账户中。同样，买家也拥有了虚拟账户，可以往里面充值，用来购物。如果用户既是买家又是卖家，那么这虚拟账户是同一个。

因此，支付宝为解决 C2C 信任问题，引进了虚拟账户，从此打开了潘多拉魔盒。从此，支付公司变成了一个搅局者。

有了账户，客户就能把部分资金存放其中，支付公司也拥有了客户的"存款"，也形成了"存款货币"。根据规定，支付宝收到的客户资金，托管在银行的备付金账户中，以保障其安全。根据从前的行业惯例，资金利息可由支付公司享有。这相当于，支付宝在银行开设有账户，然后再把这账户"分仓"为 N 个虚拟子账户，给其电商客户使用，虚拟账户里记着余额数字。如果买卖双方都在支付公司开有账户，那么他们之间的支付只需通过支付公司内部完成。

支付方式和存款划转非常类似，也是四个信息：

（1）付款账户号：可以手工输入，也可以用扫描二维码等方式输入，也可以用生理特征（用自己的指纹、虹膜、脉搏、声带等绑定账户）；

（2）身份验证：动态或静态密码、生理特征（指纹、虹膜、脉搏、声带等）等方式验证；

（3）对方的账户，输入方式同上；

（4）金额。

因此，这和存款划转极其类似，只不过这里的"存款"，指的是虚拟账户里的余额。

然而，新的问题就出现了。支付公司的虚拟账户受到用户欢迎，成为网上支付时的常用工具，这对银行卡的网上支付形成替代。2013 年之后，支付公司又借助手机 APP，开始推出线下场景的 O2O 支付（基于扫码技术）。在小店柜台上买东西，打开 APP 扫码支付，资金从买家的虚拟账户（或绑定的银行卡）划转到商户的虚拟账户中，就完成了支付。换言之，这些虚拟账户可以被应用于现场支付场景，对现金和银行卡刷卡交易也形成了替代。

因此，这似乎动到了银行集团的"奶酪"了，开始起了纷争。这里的详细故事，我们在后文中分解。

业务演进的角度看支付

除上述抢占近场支付领域问题外，虚拟账户的出现，还使得支付公司越来越像银行、银联（清算机构），我们将在下一节中详细介绍监管的逻辑。于是，监管部门开始警觉干预。在现行的监管新规下，我们有必要重新审视支付公司未来的商业模式。那些宣布进军支付行业的企业，以及还在行内耕耘的企业，都要找对方向。

首先，监管意图是控制虚拟账户余额，严格资金总量管理，保证其安全。因此，这块资金的主意是别打了。其次，支付公司回归通道角色，却也不宜收取过高通道费。一方面，支付行业竞争激烈，通道费未必收得高。另一方面，支付、清算都是一个经济体的基础设施，就像水电煤一样，基础设施当然是越便宜越好，行业本身属性不支持它高收费。

一种基于我们前文所述的"大数据金矿"的方案是：积累交易场景，挖掘大数据金矿。而积累交易场景的常见做法又是整合行业资源。从行业中要数据，数据反哺行业，良性互动。这其实就是支付宝的做法。

首先，通过扩大交易场景的方式，导入流量。如何扩大场景，也是有讲究的。要么就是烧钱"买"流量，比如起初的打车软件，但事实证明，这效果并不好。所以，扩大场景的最佳方式其实是"解决客户的某个实际需求"。比如支付宝，早年就是解决了 C2C 交易中的双方信任问题，受到了客户欢迎。所以，从身边小细节做起，找找客户们目前面临哪些问题，这些问题就是商机。客户通过支付公司完成支付，不管是网关支付、快捷支付还是余额支付，支付公司均掌握交易信息。围绕支付，扩大服务类型，将自己行业上下游的资源整合进来，为客户提供包括支付、行业服务在内的一揽子服务。然后，对所掌握的数据进行深度挖掘，开发其商业价值。比如，用于征信便是一种商业价值。当然，别碰到"保障客户信息安全"的红线，注意保护客户信息。最后，如果旗下还有其他金融服务牌照，也可逐渐纳入。

因此，我们认为，支付机构的未来，就是行业资源整合者，前景十分广阔。

2.2 监管意志：去银行化、去银联化

监管意图：防止"银行化""银联化"

2015 年 7 月 31 日，央行在其网站公布了《非银行支付机构网络支付业务管理办法（征求意见稿）》，正式面向社会征求意见。这是 2015 年 7 月 18 日多个部委联合发布了《关于促进互联网金融健康发展的指导意见》（后文简称《意见》）分配了监管任务后，监管部门出台的第二部细则。2015 年 12 月，该征求意见稿完成意见征询，正式定稿公布。

早在 2010 年，央行颁布了《非金融机构支付服务管理办法》，对非金融机构从事支付业务做出了一系列规定，并发放《支付业务许可证》。截止到 2015 年底，共发放 270 张许可证，数量较多，业务都运作在线上，央行监管难度很大，违规事件层出不穷。因此，此后的几年，监管逐步从严，尤其在 2015 年开始互联网金融大整治后，监管层层升级。2016 年 7 月，央行开始要求将支付机构的部分客户备付金集中存管，不再计息，且逐步要实现全额集中存管。2017 年 8 月，央行发布《关于将非银行支付机构网络支付业务由直连模式迁移至网联平台处理的通知》，自 2018 年 6 月起切断支付机构直联银

行，经由网联处理。2018 年 6 月 29 日，央行印发了《关于支付机构客户备付金全部集中交存有关事宜的通知》，继续提高支付机构备付金集中存管比例，到 2019 年 1 月 14 日实现全额集中存管，即统一存管至央行，有关资金划转则通过银联、网联办理。

从近年这多份文件要求上看，监管意志非常明确。互联网支付的业务定位，是"互联网支付应始终坚持服务电子商务发展和为社会提供小额、快捷、便民小微支付服务的宗旨"。其要点是：①服务电子商务（主要是网上购物）；②小额、快捷、便民小微支付。而且，监管当局重点强调的是：互联网支付机构回归"支付业务"本源，规范业务细节，防止出现支付机构的"银行化""银联化"。"银行化"是指支付机构的账户功能过强，充当了银行的角色，支付机构基于沉淀资金的投资来赚取利差收入。监管办法对支付账户的余额使用实施了严格的限额（功能限制、日限额、年限额），但对网关支付、快捷支付并无太多限制，表明了"限制账户、鼓励通道"的监管取向。"银联化"是指支付机构实质上充当了银行清算机构（这一点将在后文清算部分阐述）。

因为，支付机构的"银行化""银联化"其实从根本上突破了央行的"支付结算—清算"二级制的支付体系。这是监管部门所不允许的。

支付清算二级体系

先来看看支付公司到底有哪些问题引起监管部门警觉。央行坚持的一个秩序，是"支付结算—清算"二级制的支付体系。通俗地讲，银行与商户、消费者之间为支付结算关系，而银行之间构成清算关系，两个层次交易完成后，支付环节才算终了。清算，其实就是因跨行交易而产生的银行间债务债权进行定期净轧（比如每日），以结清因跨行交易产生的债务债权。

举个简单的例子。我拿着工商银行的卡在建设银行 ATM 上取了 100 元钱，我拿到的钱是建行帮工行先垫给我的，所以现在工行欠建行 100 元钱。日终，银联系统里完成清算，工行把这钱还给了建行，整个过程才结束。跨行取款收费，工行向我收费，然后他要将其中一小部分付给银联，作为清算服务的费用。

清算更为底层，是一个平台，由央行主导建设，一般个人用户不会直接接触清算系统。结算则是前端，由银行、支付公司等向用户提供服务，也就是我们日常所说的支付业务。银行自身接入清算系统，非金支付公司则以自己开户的备付金托管行代理，接入清算系统。

有必要分清楚支付结算和清算这两个环节。

目前在运行的清算系统均由央行主管，主要包括大额实时支付系统、小额批量支付系统、网上支付跨行清算系统（超级网银）、同城票据清算系统、境内外币支付系统、全国支票影像交换系统、银行业金融机构行内支付系统、银行卡跨行支付系统（银联系统）、城市商业银行资金清算系统和农信银支付清算系统等。这些系统大多由央行主办，可视为非盈利的基础设施，仅银行卡跨行支付系统、支付公司清算系统由持牌企业（分别为银联、网联）运营，由央行监管。

央行维持这一"结算—清算"二级制的支付体系，主要是为了"维护支付体系安全、防范系统性风险、提高支付效率、树立公众对支付体系的信心"。由于清算系统是平台系统，不是前端服务，因此对用户体验没有刻意要求，但对系统稳定性、可靠性、高效性、安全性要求极高，央行将其视为金融的基础设施，或称公共服务，依然未允许市场化的商业介入（银行卡清算除外）。

支付结算环节则是市场主体分散的交易，对用户体验要求较高，因此在不产生系统性风险（要一定程度上容忍非系统性风险，比如创新业务试点中发现安全漏洞之类的）的前提下，当局鼓励创新，增加用户支付效率，改进体验。因此，我们认为，央行希望实现的意图为维持现有格局，清算环节仍然视为基础设施，不希望市场过度介入；支付结算环节则放开竞争，鼓励创新。

但是，支付公司却用一种神奇的方法绕开了清算环节。原理很简单：

我只有工行卡，想从里面取 100 元钱，但单位附近没有工行 ATM。刚好我的一个同事，他既有建行卡，又有工行卡。单位门口就有建行 ATM，于是我让同事用他的建行卡取了 100 元钱，给我。我登录工行网银，向同事的工行卡上汇了 100 元钱。这样，我相当于从工行卡取了 100 元钱。而同事，相当于建行卡的 100 元钱转移到了他的工行卡上。整个过程，完全没有出现清算这一环节。清算被绕开了，或者被"模拟"了（其实我们只是为了省下跨行取款费）。

所以，清算被绕开，其实很容易，只需要有一个人，他同时在多个银行有账户。我和他之间用同行汇款，就不再需要清算。从前，找一个这样的同事可能很难。因为，每个人可能会有两三张卡，但不会每个银行都有卡。可是后来，真出现了一个在每个银行都有开户的人，就是支付宝等第三方支付公司。于是，绕开银联清算的事情，就很容易实现了。

比如，我要还小张 100 元钱，我是工行卡，他是建行卡。跨行汇款收费 2 元钱（这里的清算机构不是银联，而是央行的超级网银，但原理一样，都是一个清算系统）。为省下这 2 元钱，我们各自银行卡均绑定了支付宝快捷支付，那么我们在支付宝上就完成了从我的工行卡向对方建行卡汇款的动作。其原理，便是：支付宝在工行、建行均有备付金账户，100 元钱从我的工行卡划至支付宝的工行账户，然后支付宝将其建行账户上 100 元钱划至小张的建行卡上。这里，完成了两笔同行转账，不用跨行清算。清算环节被绕开了。见图 2－2。

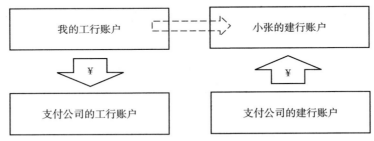

图 2－2　支付公司虚拟账户"模拟"出一次跨行转账

所以，由于"多银行开户者"的出现，清算就被模拟实现了，清算机构就无法垄断了。这就是"过顶传球"，支付公司成了一家清算所，即"银联化"。征求意见稿未限制虚拟账户与本人银行账户之间的转账，所以上述过顶传球仍能实施，但今后支付公司不再直联银行，资金划转需通过银联、网联办理，这种现象才能被杜绝。

监管取向：限制账户、鼓励通道

不能"银行化""银联化"，意味着支付机构只能做支付结算的通道，也就是帮用户实现银行资金的转移。更通俗地讲，帮助客户把自己账户里的钱，安全转移给卖家。这主要有两种方法，一是网关支付，二是快捷支付。

网关支付，是指用户在网上购物时，选择"网银支付"，网站便将页面导向银行支付网关（起初这不需要第三方支付公司参与）。这种方式的优势是银行掌握了详细的购物信息，但需要事先开通网银功能，而商家也需要跟每一家银行联系开通网关，这实在费劲。所以，后来出现了"通用网关"模式的第三方支付中介，比如首信支付，它负责在购物网站上设立自己的通用网关，该网关可以对接所有银行的网关，省去了商户逐一与每家银行联系开通网关的烦琐。比如我于 2000 年首次网上购物并且网上支付，在北京音像网买磁带，使用的是首信支付（成立于 1998 年，现称首信易支付），它把我导向网银页面，完成支付。这是当时最普遍的支付方式，但如今用的人少了，鼻祖首信易支付目前市场占有率很低。目前支付宝中仍然保留了网关支付的功能，有"网银支付"选项，估计用的人也少。

快捷支付，则是银行、支付机构、用户的三方协议，本质是用户、银行对支付公司共同授权，在购物时可对用户的指定银行账户直接扣款。快捷支付的优势是不用开通网银，支付过程中十分便捷，银行也能掌握购物信息。

网关支付和快捷支付体验上的一大差异，在于前者通过网上银行，后者不用，体验上有所差异。而两者的共同特点，就是均为直接从银行账户划转资金，不用借道支付公司的虚拟账户。

2004 年淘宝推出支付宝，它不再仅仅是个网关，而是设有一个虚拟账户，可以存钱。如果用户先拿银行卡往支付宝虚拟账户充值，购物时再用余额支付，这使监管层产生两个担忧。①余额安全性：余额本质是用户向企业支付的预付款，它绝不是存款，而是承担企业经营失败的风险；②交易信息透明度：从银行角度来看，它只能看到一笔充值交易，再也看不到客户拿这钱最终购买了什么，这令监管层有些担忧反洗钱等事项，而银行也失去了一笔购物信息（这可能是金矿）。

所以，监管层认为，既然网关支付和快捷支付已经能够实现资金划转，已无必要再搞个中间账户出来，这只会引致资金安全、信息透明这些问题。

但用户又觉得在虚拟账户里存点小钱平时花花，也挺方便的。于是监管层也答应放个口子，允许存在账户余额，但其功能、总额要给予严格限制。

这便是支付监管的大体逻辑。按此逻辑，最后确定的监管意见是对虚拟账户余额的支付，给予一定限制，见图2－3。

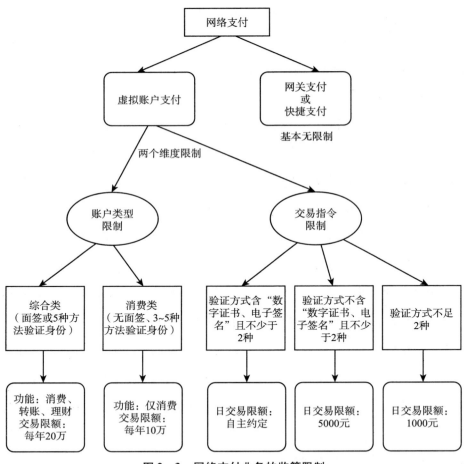

图2－3　网络支付业务的监管限制

支付机构心里舍不得账户，它是一个金矿。2013年在讨论现代金融业时，万建华提出"得账户者得天下"的观点。万总曾任职商业银行，后又掌舵银联巨轮，对金融业态的理解极其到位。所以，他调任国泰君安后，开始打造券商账户的支付功能。账户，和通道是两回事。通道是流量，账户则意味着存量，意味着用户行为和资金在这里的停留和积累，积累到最后是金矿。所以，这种限制账户功能的监管取向，会让支付机构们不甘，但这却是监管部门心里神圣的支付结算行业秩序，不可动摇。

未来：互联网＋支付

先不管央行的监管难题，我们回到行业分析上来。

前文提到，结算清算是一个经济体运营的基础设施，它像水电煤一样，不能贵，否则这个经济运营成本太高。它必须便宜、高效（加速经济运行效率）、可靠（不能老是死机、断网之类的故障）。便宜，这决定了这类机构不能是高盈利的。至少清算这个环节，不能收取太高费用。但有了清算，就有了流量和数据，能不能用这些流量和数据去赚别的钱，就看自己能耐了。所以，它的商业模式将会和互联网企业一样：导入流量，基础服务价格低廉，在流量基础上靠增值服务盈利。

至于导入流量的方法，则是平台模式，解决各方实际需求，使用户汇集于平台，互动之中积累数据。

主要盈利点：

（1）向流量用户销售增值产品与服务；

（2）从流量或数据中挖掘金矿。

我们可以借用兴业银行的例子。该行开办银银平台，为广大小银行（及其客户）提供结算清算服务，这业务本身没有太多盈利。但它可以带来：

①增值销售：加入银银平台的众银行成为兴业银行理财产品的销售终端（很多小银行早期不具备独立开发理财产品的能力）；②流量：小银行们资金往来，平时总会沉淀一部分在兴业账户里，形成低成本的同业存款，兴业银行将其运用于同业资产投放，使自己最终成为同业之王；③数据：兴业银行观测到了小银行们的资金状况，有助于其对整体银行间流动性的判断，用来指导其他业务。

所以，放开竞争后，我们能够看到结算清算服务的进一步互联网化，清算本身的盈利属性下降（只是一个导流量的渠道），但衍生的流量、数据将成为金矿。比如银联，原来只承担清算工作（此外还有培育国内银行卡市场、境外用卡环境的政治任务，这一点是为国民做出巨大贡献的），现在也设立了大数据技术子公司，尝试挖掘大数据金矿。

这才是真正的"互联网＋支付"。随着监管将支付业务"银行化""银联化"的路子堵死，我们认为这会倒逼其回归真正的"互联网＋支付"模式，认认真真做流量、做场景、做数据，深掘大数据金矿。

2.3 移动支付：从桌面到指尖

支付原理

根据我们前文的框架，我们首先给支付手段大致做一个分类。分类维度特别多，前文有一个重要的分类维度，就是分为"现金支付"与"账户支付（转账支付）"，前者最典型的就是在早餐铺喝完咸豆浆后付给老板现金，后者最典型的就是刷银行卡支付，资金从我的银行卡账户里划到商家的账户里。现金与账户，是并行的两大类支付手段。

账户支付的一大特征就是收付双方都在某处（主要是银行，以及支付公司）开有账户，资金在账户间划转（见图 2-4）。前者无须账户，而是手持现金的交付。有无账户是两者的关键区别。

然后，现金和存款两类支付方式，都按各自技术手段不断演进，这又是第二个分类维度。最开始的支付是手工操作，后来引进计算机和网络，再后来用户能在个人电脑上完成，到目前甚至能在手机上完成。由于技术进步是个时间过程，所以这种分类可以称为纵向划分。

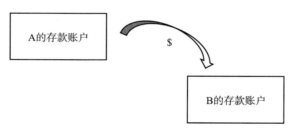

图 2－4 存款转账支付

既然上述两个维度是一横一纵，那么两者能交叉。换言之，现金支付和账户支付均可以沿上述技术进步的链条，向前发展。所以，我们能画出下面这张表（见表 2－2）。

表 2－2 现金支付、账户支付的演进阶段

	现金支付	账户支付
实物阶段 （前电子时代）	现场的话就直接付现钞，远程的话只能邮政汇款或邮寄现金（但违规）	到银行柜台汇款，填单子，银行手工扣减你的账户，增计收款人账户（大多年轻人应该没经历过这个年代）
电子化 （专网）	电子现金出现，现场设备传送，或通过专网远程传送	用银行 ATM 汇款（远程），或刷卡消费（现场）等。或到柜台汇款，柜员通过电子操作
互联网化 （个人电脑）	通过互联网远程传送电子现金	用个人电脑上网汇款或账户支付
移动互联网化 （手机等移动终端）	通过手机等远程传送电子现金	用手机上网汇款或账户支付
……		
生物识别		虹膜、指纹等支付

其他分类维度还非常多。

比如按场景，一是面对面的现场（近场），二是远程。这一维度也能交叉到表 2－2 中去（这样会形成一张三维表格）。比如现金支付横向再划分为现场、远程（邮寄纸币，或者网络传送电子现金）。账户支付也可如此划分，比如汇款是远程支付，而刷卡、二维码等手段是现场的账户支付。

有两点有必要进一步解释。

（1）认识电子现金。电子现金目前普及不多，它是以电子信号的形式存在于电子存储设备（如芯片、硬盘等）里。

由于电子信号没法直接手持，而得装在存储设备里（手持的是存储设备，比如一张 IC 卡，芯片就是装电子现金的设备），所以很容易和"账户"混淆（芯片仿佛是个账户）。账户支付是收付双方账户里的资金的划转，资金是记在账户里的一个数字。发起支付指令后，两边账户一增一减，就完成了支付。因为要收发指令，所以账户支付肯定得联网（才能向银行发指令）。

但现金是拿在手上的（token），比如河姆渡人把贝壳拿手上当现金，我们的太爷爷则把铜币拿手上当现金，我们平时把纸币拿手上当现金，现在则可以把电子现金装在芯片（必须强调：芯片不是账户，而是钱包，是装电子现金的电子钱包）里，再把芯片设备拿手上。支付时，电子现金因为是装在芯片里的，所以可以不联网，只要读取芯片信息的设备，电子现金从我的芯片里传送到了对方的设备（也是电子钱包）里。如果能联网，那么电子现金还可直接通过网络传送给对方。

既然电子现金是现金，那么它和纸币一样，能够拿去存入账户，或从账户中取出来，或者直接和纸币之间相互转化。从银行账户里取出电子现金，银行会扣减你的银行账户，然后把电子现金"放到"芯片里。这个动作叫"圈存"。

电子现金支付手段的技术进步，本质上是电子现金存储与传送手段的进步。不过截至目前，电子现金并不流行。

（2）账户支付手段多变，本质不变。账户支付的本质都是账户资金的划转，付款人向银行（或其他账户机构）发送一个转账支付指令，理论上该指令至少要包含"我的账户、我的密码、对方账户、金额"这四个信息（其他信息还可包括支付用途等，但不是必需的）。

①我的账户：用于说明从哪个账户里把钱付出去；②我的密码：用于核实你真的是你（有些小额支付允许免密）；③对方账户：要把钱付给谁；④金额：付多少钱。

任何账户支付指令，均至少要包含上述四点信息，本质不变。账户支付的技术进步，其实是传送信息的方式在快速进步，让输入、传送上述信息的过程变得越来越快捷。比如，最早我们在银行填汇款单，手填了上述四点信息，轻微强迫症的朋友会老怕账户写错，复核无数次，很麻烦。后来，有了磁条的银行卡，磁条里存有账户信息，收银员先在POS机输入金额（POS机背后则有商户的账户信息），然后刷卡（也就是输入了"我的账户"），然后输入密码，所以上述四点信息都有了，完成了资金划转。

而如今，在便利店买早餐，用二维码扫码支付，我们拿出手机显示自己的二维码（代表着"我的账户"），对方扫描我们的二维码，他们的设备里含"对方账户""金额"两个信息。小额支付时，免密。所以，就完成了上述四个信息的传送，实现了资金从我的账户向对方账户的划转。

将来生物识别技术成熟了，从扫二维码变成了扫眼睛（虹膜）或按手指（指纹）来支付，那原理依然没变，扫虹膜或指纹就相当于输入了"我的账户"或"我的密码"。这就更省事了，刷脸吃饭，连掏手机的动作都省了。我们相信这一天会很快到来。

移动支付

移动支付就是利用移动设备（主要是手机，还包括平板电脑、手表等。为求简洁，后文就直接用手机一词）完成的各种支付。分析难点在于，"移动支付"这一称谓又是基于一个新的分类维度（与上文的几个维度都不同），即按支付设备分类。只要是用手机完成的支付，统统都可以叫移动支付。

为此，我们又可以把移动支付，也按前述的多种维度进行分类。

（1）分为现金支付与账户支付。把存储电子现金的芯片装在手机里，手机就充当电子钱包，可实现电子现金的支付。而用手机里银行或支付公司的APP向账户发出付款指令，则是账户支付。最早时用发短信的方式向银行发出支付指令，划转资金，也是账户支付。由于电子现金至今未成为主流，本书主要分析的，主要还是账户支付。

（2）分为现场与远程。在商店里"刷"手机支付是现场，用手机的银行APP汇款或网上购物，则是远程。手机用于远程支付已很常见，现在争夺的焦点是现场支付，即刷手机的支付。

（3）按技术划分：指各种技术的进步。最早用短信，后来有了移动互联网，可以上 WAP 网银，再后来智能手机用上了 APP，银行和支付公司之后推出了扫码和 NFC……

我们每遇上一种新的移动支付技术或模式时，最好先厘清它是属于哪一类。这至关重要，因为，不同的分类决定了需要不同的设备和不同的业务模式（模式的本质是利益划分），致使不同的技术、设备供应商受益。比如，"现金支付还是账户支付"这一点，一定要厘清。因为这一点决定了谁占据了账户资产、交易信息，而这些都会影响业务盈利。再如，"现场还远程"

这一点，决定了不同的设备投入。现场的话肯定需要芯片（不管是电子现金支付还是账户支付，都需要芯片）和读取芯片的设备。远程则可以不需要芯片的，只要有 APP 就行。但如果是二维码的近场，则需要扫码设备。不同场景和模式，会使不同的设备生产商受益。

最早的移动支付，可能是短信银行，是用短信传送支付指令。手机号码背后会绑定一个银行卡账户。用手机向银行发送一条短信，就是一条支付指令。这其实就是汇款转账。当然，收发短信这个步骤，还是麻烦，而且发短信也有成本。

而后，2001 年，中国移动推出"移动梦网"，手机可以接入互联网了，有浏览器能上 WEB（WAP），银行就相应推出了 WAP 银行，其实就是移动互联网的网上银行。后来手机也能装应用软件（当时还不叫 APP），手机银行 APP 也出现了。但由于当时主流手机不是触摸屏，上网界面并不友好，所以手机上网银不太流行。

短信银行和 WAP 网银都只适用于远程支付（都是通过通信手段接入自己的账户，进行操作），但当时现场支付的主流还是现金和银行卡。手机想介入现场支付（因为手机是随身携带的，如果能用来现场支付，钱包都省得带了），就得把自己变成钱包、现金或银行卡。

任务：装芯片

最开始开动脑筋尝试把手机变成钱包的，是移动通信公司。

移动通信公司掌握着大量的通信用户，这是他们的先天优势。移动通信公司还掌握着手机 SIM 卡，是一种容量很大的芯片，只要把支付功能装进去，手机就摇身一变，成为电子现金 IC 卡或银行 IC 卡。这样，通信用户就转换为了移动支付用户，通信公司也就华丽转身为移动支付服务商。早在 2009 年，移动通信公司们拉上银行，开始实施这一美妙的计划。

由于芯片存储容量很大，所以它可以同时拥有上述两种功能，即电子钱包和银行卡功能。

（1）在电子现金支付的场景下，这芯片可以充当电子钱包，用来装电子现金，支付时是直接传送电子现金。

（2）在银行账户支付的场景下，这芯片就是银行卡，用来装账户信息，支付时就是传送账户信息和支付信息。

但金融 IC 卡的读取方式是接触式的，即芯片和 POS 机上的 IC 卡槽接触，实现读写。手机 SIM 卡装在机身里，没法与 POS 接触。所以，又得引进近距离无线通信技术，让 POS 和芯片之间靠近（而不用接触）就能实现无线通信，从而实现电子现金或支付指令的传送。简单讲，就是为芯片装一个能够收发信号的天线。

本书不展开详解这些技术的细节，先将其简化归纳。

手机里要装两个硬件，也就是两个芯片：

（1）IC 卡芯片，起到金融 IC 卡的功能（可以整合进 SIM 卡里）。

（2）用来收发信号的天线，从而实现支付指令或电子现金的传送。代表性技术有 RFID 和 NFC（后文展开），目前 13.56MHz 的 NFC 是国家标准。

在手机里装芯片是件令人操碎心的事，先后出现了以下不成熟的方案：

（1）SIM Pass。

最早使用的技术，是 SIM Pass。这东西我没用过，其实是两张连接在一起的芯片，一张是通信的 SIM 卡，另一张是支付功能的芯片卡线圈（含天线功能），所以江湖上称"辫子卡"（见图 2－5、图 2－6）。SIM 卡装入手机插槽后，卡线圈则绕回来，贴到电池背面（因为采用了 13.56MHz 频段，频率低，无法穿透电池，所以要放电池背面）。

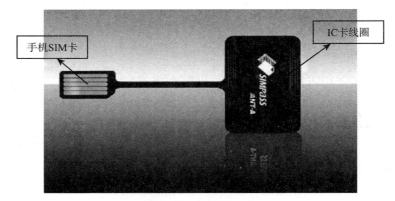

图 2 - 5　SIM Pass 卡

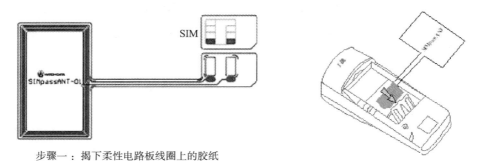

步骤一：揭下柔性电路板线圈上的胶纸

步骤二：将贴有柔性电路板线圈的SIM卡放入
　　　　SIM卡座

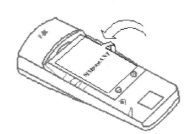

步骤三：将柔性电路板线圈贴到电池背面

图 2 - 6　SIM Pass 卡的使用

SIM Pass 的好处是不用换手机，但得去移动通信商处把旧 SIM 卡换成辫子卡。该方案中国移动、中国电信、银联均有参与，换卡麻烦，手机尺寸或规格太另类的话还不一定装得上，所以效果不佳。

（2）RFID – SIM。

后来，那根辫子一样的卡线圈消失了，天线（RFID）终于也整合到了 SIM 卡的卡基上，推出了 RFID – SIM 卡（见图 2 – 7）。电池背面不用贴膜了，清爽了许多。

图 2 – 7　RFID – SIM 卡

这个需要去移动公司的网点，把手机里的旧 SIM 卡换成带有支付和天线两个功能的新 SIM 卡。我国三大运营商均有产品问世。由于 SIM 卡被移动运营商掌握，所以他们借此牢牢地把控了移动支付的用户入口。但是同样，用户得跑一趟移动通信商的网点去换 SIM 卡，过于麻烦。当然，这点麻烦阻挡不了对新支付技术极其热情的我，当时我就去移动营业厅办了 RFID – SIM 卡，插入我的黑莓手机（不是所有手机都支持）。结果发现，能使用它的支付场景仅有上海地铁，用的是电子钱包模式，需要圈存（联机发送指令，将钱从银行卡取出，变成电子现金，存在 RFID – SIM 卡里。刷手机支付的时候，是电子现金从 RFID – SIM 卡传送到验票机，可脱机）。可惜，该产品天线采用的频段为2.4GHz（频率较高，信号才能穿透电池，到达POS机），后来没被采纳为央行标准（央行将更为普及的13.56MHz定为标准，由于频率较低，不能穿透电池，所以要装在手机后盖上）。

（3）贴片卡。

2010年左右，又推出了贴片的方式。就是把拥有支付、天线功能的IC贴片贴到SIM卡上，然后再把这个贴着贴片的SIM卡插入手机。这张贴片其实就是一张带有无线通信功能的银行卡（见图2-8）。这时，我刚好把装着RFID-SIM卡的黑莓手机给丢了，买了一个崭新的阿尔卡特手机，里面装着普通的SIM卡（还没去补办RFID-SIM卡）。于是在一次银行来公司推广贴片的时候，前去办理。最后的结果令人无语：我的SIM卡贴上贴片后，太厚了，插不回插槽。

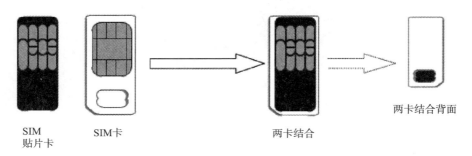

SIM
贴片卡   SIM卡   两卡结合   两卡结合背面

图2-8　贴片卡

该模式，就是银行开发出贴片式的银行卡（含天线），交给用户贴上手机即可，就把移动运营商甩开了。各方主体争夺主导权的现象很明显。

后来，我还在媒体报道上见过直接把贴片贴在手机背面的……大家的想象力确实丰富，但强迫症患者无法接受。这还没完，在手机上装芯片的方法还很多。喜欢手机挂坠的美女们还有另外一种选择，就是把支付用的芯片做成手机小挂坠，挂在手机上……总之，在手机上装支付芯片，真的是一项考验大家想象力的事业。

标准落定

上述提到的近距离无线通信，一开始用的是射频识别技术（radio frequency identification，RFID），后来有了近距离无线通信技术（near field communication，NFC）。后者比前者，距离更近、带宽更高、能耗更低。2012 年 12 月，央行发布中国金融移动支付系列技术标准，将 13.56MHz 的 NFC 定为金融行业的移动支付标准。NFC 控制器和天线装在手机上。

由于手机的 SIM 卡本身也是芯片，容量足够大，所以只要把金融 IC 卡功能整合进去就行了。所以，移动通信公司最早想到的办法，就是在 SIM 卡里开放不同的"域"，用来实现金融卡的功能。这种服务叫 TSM，即可信服务管理平台（trusted service manager）。

最后确定的方案是：把 NFC 控制器和天线植入手机，实现无线通信功能，而支付数据的存储与处理则由安全模块（SE）实现（即金融 IC 芯片的关键功能）。这是两个必需的硬件。把 SE 整合到 SIM 卡中，NFC 控制器与 SIM 卡间通过 SWP 协议通信，因此这种方案被称为 NFC - SWP 方案（见图 2 - 9）。这种模式，原有用户需要同时更换手机（换成带 NFC 的手机。目前已有越来越多的手机预装了 NFC）和 SIM 卡，这在当时简直是不可能的任务。

该模式还涉及一个问题，就是支付涉及的 SE 装在移动通信商的 SIM 卡中，NFC 控制器和天线则装在手机中，再加上其他有关技术，整个过程涉及了银行、银联、移动通信商、手机制造商、技术（专利）提供商多方主体。官方说法是产业链太长，翻译成俗话就是分赃的人太多，就是谈不拢。最终，NFC 因为各方老是谈不拢，就被耽误了。

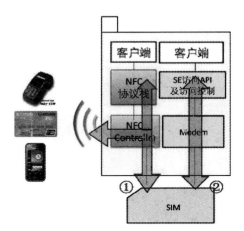

图 2 - 9 NFC - SWP 方案

但是，时代发展一日千里，你耽误的时间，便是对手抢到的时间。这个对手，默默地抢占了市场份额。

2.4 移动支付大对决

在上节中，我们介绍了移动支付的知识背景，以及手机近场支付的实践演进。

在经历了各种脑洞大开的尝试后，我国最终确定了 NFC－SWP 方案为技术标准。简言之，就是 NFC 控制器和天线装在手机里，而用来存储账户、支付等重要信息（对安全要求高）的安全模块（SE）整合入 SIM 卡中。SIM 卡通过 TSM（trusted service manager）实现不同功能（通信功能、支付功能等）的管理。该方案有两点硬伤：

（1）要去通信运营商处换新 SIM 卡。如果手机型号有点老旧，不带 NFC 功能，还得换手机。

（2）产业链太长，参与方太多，银行、银联、移动运营商、手机生产商、技术（专利）提供商，能牵扯到的全牵扯到了，利益分配谈不拢。

最后的结果，就是该标准方案出台后，久久未见大面积推广。利益分配的人太多，谁烧钱去推广，另几个人就坐享其成……最后就是谁也不去推广。

半路杀出二维码

正当 NFC – SWP 迟迟不见动静时，第三方支付公司却默默地商用了一套便捷的手机近场支付方案，那就是扫码支付，并受到市场欢迎。

首先，先明确的一点是，第三方支付公司（比如支付宝）拥有虚拟账户，它的支付，大多是收付双方的虚拟账户间的资金划转。当然，付款人也可绑定银行卡，使用快捷支付的方式，将资金从本人银行卡直接划转至收款的虚拟账户。但不管如何，均是账户间资金划转，是一种账户支付。所以，上节中说了，和任何账户支付一样，这至少需要四个信息："我的账户、我的密码、对方账户、金额"。而二维码就是包含了上述部分或全部信息，从而简化了"输入信息"这个烦琐动作。这是关键。

二维码支付，大致又可分为两种，但本质都是借扫描二维码来快捷地"输入信息"。

一是付款人主扫，付款人扫描收款人的二维码。此时，二维码包含了"收款人账户"信息，该二维码里也可能包含"金额"信息（若不包含，则手工在 APP 里输入金额），付款人手机里的 APP 则包含"本人账户"信息，扫描完了后再输入密码（或小额时可免密）。这样，同样完成了四点信息的输入，实现了资金划转。

二是付款人被扫，收款人扫描付款人手机 APP 上的"付款二维码"。该二维码代表着付款人的账户，而收款人的扫码器背后包含"收款人账户、金额"信息。金额较小时，可免密。若要输入密码，则在扫描完成后，付款人在 APP 上输入密码。这样，就完成了四点信息的输入，实现了资金划转。

二维码支付的最大要害，是不用改手机的 SIM 卡，不用在手机里装芯片，因此不用跑一趟通信公司的营业部。下载支付公司的 APP 便能使用，极为方便！

其实此前，中信银行等也已经开始尝试扫码支付。但 2013 年，央行以该二维码支付尚无国家标准、存在安全隐患为由，暂停了该手段。所谓安全隐患，主要是指"付款人扫描收款人的二维码"时，二维码背后可能植入病毒或恶意链接，使资金失窃。这样的案例时有发生，网上报道很多。

但央行又愿意给创新一定的空间，所以后来允许改为手机二维码"被扫"的方式，继续试行。最后，在央行 2015 年 7 月出台的《非银行支付机构网络支付业务管理办法（征求意见稿）》中，允许尝试创新手段，但第二十三条要求"网络支付业务相关产品运用的技术尚未形成国家、金融行业标准的，支付机构应当全额承担该产品相关风险损失。"

该支付方式，能够实现虚拟账户之间的资金划转（如果是快捷支付，则是银行账户与虚拟账户之间的资金划转）。并且，完美解决了前文总结的 NFC – SWP 方案的两个硬伤：

（1）手机里下支付公司的 APP 就能支付，不用跑通信公司换 SIM 卡或手机；

（2）产业链短，移动通信公司也无法介入支付环节（它只是提供手机上网服务），虚拟账户交易的话也用不到银联、银行能参与。支付公司自己就主导了，形成闭环，所以他们有很大动机去推广，从而将自己原本只适用于互联网支付的虚拟账户功能延伸至线下场景，实现 O2O 应用。

还有一点优势，就是 APP 的增值服务。交易流程在自己 APP 里完成，就可以添加其他增值服务。比如直接折扣返现（给红包），或者商户优惠券（这些是最常用的推广手段），都可以在交易时同步自动完成，非常方便（比如滴滴打车推广期间，付款时自动返现，减免金额）。

而传统刷卡方式想享受增值服务，流程是这样的：买单时，我要先问服务员"刷什么银行的信用卡能打折"，服务员说××银行卡（我银行卡比较多，钱包装不下，所以不会全部带身上，有时就遇上没带该店的优惠信用卡的情况。偶尔也遇到服务员自己也忘了所刷的信用卡是有优惠的，未提示，没享受到优惠），然后我掏出那张卡（如果我有该行的卡，并且刚好也带身上的话），交给他。另一种场景，则是我从推广活动那里领到优惠券，券的信息存在手机短信、手机 APP 里，或者干脆就是直接把纸质优惠券拿在手上，结账时掏出手机或纸质优惠券，也很麻烦。这远远不如扫码支付时自动完成优惠来得方便。

所以，借助几大优势，扫码支付横扫天下，侵入了近场支付领域，两个原本划江而治的阵营开始短兵相接。银联发现若是这样，不但移动支付蛋糕没抢到，原先刷银行卡的领域都要丢。这一方面是因银行卡和 NFC – SWP 产品都不如二维码方便，另一方面也是因为银联长期对商业模式（或说场景）的忽略。

所以，第一步，银联必须考虑自行推出更好的产品。

这里需注意：银联本身主业不是支付，而是银行卡清算。简单讲，仍然以前文的例子，就是我拿着工行的银行卡在建行 ATM 上取了 100 元钱，相当于是建行先帮工行把钱垫付给了我，因而工行欠建行 100 元钱。每日终了时，各银行要到银联的系统里，把相互之间的债务债权结清，这就是跨行清算。银联运营这个清算系统，它的主业不是支付，而是负责清算因银行卡跨行支付而引起的银行间债务债权关系。所以，银行卡跨行支付是银联清算的"上游"，即业务来源，银联要保住银行卡在支付领域中的核心地位。

把支付业务留在银行账户中，再由银联等清算机构承担清算业务，这是我国目前依然维持的"支付—清算"二级体系的一种。理解这一体系非常关键，本书后文还会多次提及。该体系的好处，在于让国家通过银行体系，实时掌握现金流情况，履行反洗钱职能，维护金融安全。

二维码支付基于支付公司的"虚拟账户"（虚拟账户之间交易，或虚拟账户与银行账户之间交易），国家掌控力下降，不利于履行反洗钱职能，维护金融安全。因此，监管意图，是将虚拟账户的功能仅限于小额零花钱（限额），大部分支付仍然走银行账户体系。这是很现实的安全考虑，更是监管意志。

NFC 反击

为实现"将支付行为留在银行账户体系内"之目标，必须开发推广一套比二维码支付更方便的银行卡支付体系。这样才能既实现国家意志，又以让百姓享受便捷的支付服务，两全其美。

二维码支付比起原先的 NFC – SWP 方案，一大优势就是不用跑一趟银行或移动通信商的网点去换 SIM 卡。所以，新的方案，必须在这一点上超越二维码。要知道，互联网时代大家都追求用户体验，用户都是极端任性的，哪怕多一秒钟的麻烦，都不乐意，要的就是：方便，方便，方便！而前面提到的 NFC – SWP 方案，一开始得同时换手机（后来很多手机预装了 NFC 功能）和 SIM 卡，这是巨大的障碍。

幸运的是，事情发生转机。首先，是越来越多的手机厂商在手机中装好 NFC 功能。因为，NFC 是用于近场通信的天线，能为各种应用传送信号，除了支付，还能用在门禁、交通卡等很多领域。所以手机厂商将其视为像蓝牙、WIFI 一样的通行配置，时至今日，NFC 已经是手机的标配，买个新手机一般都有该功能，不用特意去换手机了。

　　然后是 2013 年，谷歌为安卓系统推出了主机卡模拟（host card emulation，HCE），其功能是用软件模拟了安全单元（SE），NFC 天线收发信号时，内含敏感信息（包括交易、账户等信息），所以原来是先传送至 SE 处理，现在则可直接传送至手机 APP（也可以传至云端），由 APP 或云端实现交易。从而摆脱了 SIM 卡（SE 整合在 SIM 卡中）的束缚，不用换 SIM 卡了。其工作原理，其实是用软件 APP（或云端服务）来模拟了一个 SE，让 NFC 控制器觉得后面是有 SE 的（见图 2 – 10）。2014 年初，Visa 和万事达卡宣布采用该技术。

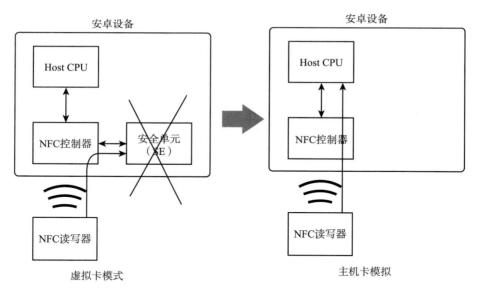

图 2 – 10　NFC – HCE 方案

　　当然，软件模拟比起 SE 硬件，安全性是有所牺牲的。毕竟 SE 之所以存在，就是为了处理账户（卡号）、交易等敏感信息，对安全要求高。为此，采纳 HCE 技术的 APP 商自行引进各种加密技术（比如 Tokenization 技术），另一方面则把支付运用在小额领域，从而在保证相对安全的情况下，获取便捷性。安全是相对的，我们不能为了绝对的安全，过度牺牲便利性。

苹果手机则用另外一种方法，即把 SE 模块也预装在手机内，也就是所谓的全终端模式（手机中同时预装了 NFC 和 SE）。虽然和安卓 HCE 手段不同，但目标是一样的，就是甩掉 SIM 的制约，甩掉移动通信公司，缩短产业链。因此，我们不得不对移动通信公司表示一下遗憾，最后竟然出局了。

2015 年 11 月，部分银行推出安卓版本的 NFC－HCE。2016 年 2 月，苹果公司在华高调推出 Apple Pay。因此，国内 NFC 移动支付服务正式亮相，银联将其归入"云闪付"品牌之中。简言之，NFC 方案所需的两大硬件，NFC 天线已经预装在手机里了，SE 已经被 HCE 技术模拟出来了（安卓），或者也已经装在手机里了（苹果）。所以，跑网点换硬件这一最大的门槛，解决了。

有了 NFC 和 SE（安卓系统中是模拟的）后，银行就其手机银行 APP 中模拟一张银行卡（也有卡号，也有卡密码，就是没有实体卡，但功能一样）。刷手机时，POS 机与 NFC 天线实现交互，NFC 天线将信号传至 APP，实现对这张"银行卡"的读写。而且，HCE 功能通过安卓的系统服务实现的（HCE服务），一直在后台运行，所以不用打开手机界面和 APP，就能够刷手机。这一点极为方便，明显超越了扫码支付。这无疑是一个重大的转折，NFC 方案有望重获新生。

对决

对决的第一回合，是产品本身便捷、安全等特性的一试高低。

NFC－HCE 技术的原理，是利用 HCE 技术，在手机银行 APP 中模拟了一张银行卡。然后刷手机时（因为 HCE 服务在安卓后台运行，所以刷手机时不必打开 APP，非常方便），就相当于刷了这张银行卡，然后要输入银行卡密码。从该角度而言，NFC – HCE 并不是与二维码对标，它更多的是对塑料银行卡的替代，让广大持卡消费者，以后能免去带卡的麻烦与风险。

但是，再比较 NFC – HCE 与二维码的流程来看，则 NFC – HCE 明显更为便捷：

NFC – HCE：收银员输入 POS 信息—点亮手机（不用打开手机）—刷手机—输入银行卡密码—完成。

二维码（被扫模式）：打开手机—打开支付 APP—打开自己支付码—被扫—输入密码（小额则免密）—完成。

NFC – HCE 整个过程不用打开手机，手机就相当于银行卡，刷完输密码（小额可以免密免签）。二维码要依次打开手机、支付 APP、支付码，过程略多。因此，在现场支付领域，NFC – HCE 更为便捷。

因此，我们认为，在移动支付江湖，NFC – HCE 本质上仍然是一种银行卡支付，是对原来塑料卡片的替代，但却比二维码还便捷，能够吸引用户，这就能把大部分支付行为依然留在银行卡体系内（这是政府的预期目标）。但是，产品本身的比试只是第一回合。对决的第二回合更关键，就是对支付业务、商业模式、应用场景的理解与获取。

二维码主要优势是 O2O 应用，因其连接互联网，可以结合身份识别、优惠推广、交易数据等内容，作为线上线下应用入口，依然有其应用空间。比如优惠推广上，不但力度较大，而且有"通用积分"的先天优势，即商户与支付公司谈好优惠活动，则支付 APP 背后不管绑定什么信用卡，只要使用该支付 APP 支付，均可享受优惠。

手机银行 APP 中也能自动嵌入优惠推广服务（银行 APP 根据 POS 机传过来的商户信息，自动优惠，省去我们打开手机找优惠券的烦恼），但这是该银行和商户单独的优惠活动，不是"通用积分"，多家银行各自为政，如果某商户只针对少数银行有优惠活动，那么对不持有该行银行卡的用户而言则没什么吸引力。银联也推出过覆盖各行银行卡的统一优惠活动，我们预计未来银行卡领域的通用积分等推广营销增值服务会出现。

我们将在下一节中详细解释，为什么支付不仅仅是一门技术，它更是一门业务。

2.5　银行卡的反击

云闪付的反击

2016 年 2 月 18 日，银联宣布云闪付正式开通支持 Apple Pay 服务（见图 2 – 11）。而此前的 2015 年 12 月 12 日，银联高调发布了适用于安卓手机的云闪付产品（基于 NFC – HCE 技术）。银联为不同手机平台下的 NFC 手机近场支付产品统一赋予了品牌名"云闪付"。

从此，苹果（iPhone、Apple Watch 以及 iPad）用户可以在支持闪付功能的线下 POS 商户、线上 APP 商户处使用 Apple Pay。而在发布前的几日，各银行的 Apple Pay 云闪付广告已经铺天盖地。

此后，Samsung Pay、华为 Pay 也陆续推出，云闪付覆盖机型越来越广，受到市场关注。显然，银联、银行和手机厂商合作的云闪付想成为手机近场支付行业的挑战者。目前支付公司的扫码支付在手机近场支付领域已有较大市场份额，云闪付作为挑战者得有足够实力。NFC 支付使用极为便捷，且符合监管意图，这是它的两点明显优势。

图 2 – 11　中国银联云闪付支持 Apple Pay

资料来源：中国银联。

胜在便捷程度

我们先来体验下 Apple Pay 的使用方法。首先，在发布的当时，要先将手持设备的 iOS 版本升级到 9.2 以上。目前当然不存在这一问题了。然后，打开系统自带的 Wallet APP（见图 2 – 12）。

图 2 – 12　Apple Pay 使用 Wallet APP

按照提示绑定银行卡。这个过程非常快捷。绑完后如图 2 - 13。

图 2 - 13　在 Wallet APP 中完成绑卡

整个绑卡过程比较简单顺畅。准备好后，就到街到上去寻找一家拥有闪付 POS 的商店体验 Apple Pay。目前大多商家的 POS 机已完成改造，支付闪付功能。经过几年推广，目前店员使用闪付功能的熟练程度，也比 2016 年初有显著提高。

支付方法是：

待收银员在 POS 机上输好信息后，不必唤醒手机，把手机放到 POS 上一刷，再用手指按住 Touch ID。听到"嘀"的一声后，还要在 POS 机键盘上输入银行卡密码（也可一定金额内免密免签）。

该方式和某些手机的安卓版本的 NFC - HCE 模式略有区别。NFC - HCE 模式是要换醒手机（但不用解锁），然后手机放到 POS 上一刷，听到"嘀"声后在 POS 机上输入银行卡密码（或小额免密免签）。

支付成功的界面如图 2 - 14。

图 2 – 14　Apple Pay 完成支付

从体验上看，Apple Pay 比扫码支付还是要简便很多，主要是因为它不用解锁手机，更不用打开 APP（扫码支付要打开手机和 APP）。目前需要在 POS 机上人工输入密码，也可小额免密（扫码支付目前可以小额免密）。

所以，Apple Pay 的使用非常便捷，而且明显比扫码支付要方便。再加上苹果手机的较高的普及率的市场认可度，当时确实卷起一场风暴。目前的现存问题一是线下 POS 方面，包括部分收银员依然操作不熟练，以及很多商店尚未铺设支持闪付功能的 POS，或者已经铺设但还没开通此功能，因此线下受理端还有不少工作要做；二是线上方面，支持的 APP 仍然太少，后期推广任务仍重，且很紧迫。

背后的监管意图

便捷是产品的重要方面，但不是唯一决定因素。还需要考虑的一个问题是，支付产品对现有监管取向的贯彻。

云闪付其实是一种协助银行卡支付的应用。仍以 Apple Pay 为例，在 Wallet App 中绑定了银行卡信息（但银行卡信息并不存储于手机中，手机中存的是 Token），然后通过 NFC 技术，使 POS 机实现了对手机中银行卡信息（其实是 Token，即伪装过的银行卡替代信息）的读取。因此，Apple Pay 是对实体塑料卡片的替代，其本质仍是银行卡（或说银行账户）。这种变化会影响上游生产商，比如卡片及相关技术生产商受到冲击，NFC 及相关技术提供商则受益。

银行账户支付的意义，主要是为了把账户和交易留存在银行账户体系内。

与银行账户体系相对立的是第三方支付公司的虚拟账户体系。虚拟账户是用户开在支付公司的账户，并在里面存放资金，支付公司再把资金存到开在银行的账户里。于是，虚拟账户就相当于是支付公司的银行账户的二级子账户（见图 2 – 15）。

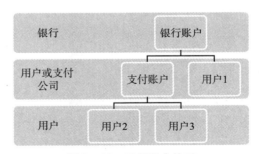

图 2 – 15　三级账户体系

图 2 – 15 中，银行能够了解用户 1 的交易活动，但用户 2 与用户 3 之间的交易，如果完全在他们开在支付公司的账户之间进行，那么银行是无法了解其活动的。而如果让第三方支付公司的虚拟账户大行其道，就会使银行难

以监控大部分资金和交易信息（失去大数据金矿），不法分子也可能利用这一漏洞从事不法行为。所以，我国监管当局一直不放心让虚拟账户做大。

云闪付本身不设有虚拟账户，它只是银行卡的虚拟化，仍是基于银行账户体系的支付手段，符合监管取向，因此得到了监管层、银联、银行的支持。这是云闪付与支付公司虚拟账户的本质区别。

云闪付推出扫码付

虽然 NFC（云闪付）比起扫码有上述两个优点，但正式推出以来，推广效果却低于预期。除受理端等技术问题外，支付公司扫码付已对用户使用习惯完成了初步培养，形成绝对优势。因此，银联、银行阵营也考虑推出扫码付产品。

2016 年 8 月，央行下发了《条码支付业务规范（征求意见稿）》，意味着2014 年因安全原因被叫停的扫码支付（支付公司的扫码付均是试用名义），重新开始进入正轨。2017 年 5 月，银联联合 40 家银行，推出了扫码付产品，仍归于"云闪付"品牌之内。

云闪付的扫码付与 NFC 一样，都是基于银行卡（账户）的支付，后台的处理方式不变，有别于支付公司的虚拟账户。它们只是信用交互方式的区别。而且，扫码支付的技术难度远小于 NFC。但是，既然大家都已经非常习惯使用扫码支付，银联顺应用户习惯，是一种比较现实的选择。

扫码付的主要应用场景是线下的小额支付。小额支付是指用户在商户处发生金额极小的支付交易，一般指金额 300 元以下，甚至更小，比如 10 元以下，乃至 1~2 元的极小额支付，比如买瓶矿泉水。在银行卡时代，刷卡很难服务这一类业务。首先，从效率上看，银行卡替代的是较大金额的支付，省去携带现金、现场数钱等麻烦，而对于小额交易，这些麻烦本身就不大，银行卡交易的流程反而比付 2 元现金更耗时。其次，从成本上看，商户要为刷卡交易支付佣金，2 元钱的销售本身利润微薄，再支付佣金就无利可图甚至亏损了。最后，小额交易对风险的容忍度较高，即使发生欺诈，损失也小，为之投入过高的安全成本，牺牲便捷性，并不合算。因此，在小额支付领域，传统银行卡并不适用。为解决这一问题，银联等机构率先开始探索扫码支付，部分银行早年也有零星尝试商用，但考虑到技术并不成熟，国家未有技术标准出台，因此未大面积推广。

支付机构也是早在 2013 年便试水扫码支付，抢滩小额支付领域，与银联、银行几乎同时。而在 2014～2015 年间，支付机构已经将低成本的扫码支付进行了很大力度的推广，商户普及情况较好，用户使用习惯初步形成，在线下小额支付领域对银联、银行阵营形成先发优势。所以，银联推出扫码付，时间上偏落后，要抢占对手的地盘并不容易，但其好处便是用户使用习惯已初步完成培养。银联联合银行、商户推出了各种优惠活动，吸引用户使用扫码付。

至此，银联、银行阵营的技术手段已基本上覆盖目前全部主流的支付技术，包括磁条卡、IC 卡、NFC、扫码等，对支付公司形成绝对优势。但是要想抢到市场份额，还有最后一项对垒，也可能是最重要的对垒，那就是对交易场景的争夺。

2.6 入口为王：支付工具与支付业务

前面我们用了很多篇幅研究支付技术、产品方面的事情。但是，支付这件事，不仅仅是产品，它还是一个业务。它的决胜点是对交易场景的抓取，不是光产品优秀就行的。支付产品（支付工具）和支付业务，这是两个层次，且都要做好。目前 NFC 在使用便捷性上胜出，并不代表万事大吉了。

场景的症结

我们先从一个大家都体验过的细节入手。这个细节叫：卡券分离。

以前银行卡是独立于场景的支付工具。银行只提供银行卡服务，商家卖东西，银行是银行，商家是商家。为吸引用户刷卡，银联、银行也曾经试图去抓取场景，比如去和商户去谈优惠活动合作。比如某某银行卡在某饭店吃饭可以打 8 折，这是银联或银行找饭店谈下来的优惠活动（折扣来自银联、银行补贴或来自商户折让），本质是银行想抓取交易场景。但操作过程中存在"卡券分离"问题。

所谓"卡券分离"，是指我们刷卡时，得先问下服务员"你们这里什么银行卡有优惠活动"。她说"××银行"。然后我从钱包中找到××银行卡，递给她。她可能会来一句"那我回去单子重新打印一下"。等她打印新账单回来，再拿起我的××银行卡完成刷卡。在这个场景中，银行卡和优惠券是完全分离的，操作极其麻烦，有时还会出现服务员自己也不记得有什么信用卡有优惠、自己忘了带特定的信用卡等情况。

但支付公司通过推出统一入口，解决了这一问题，实现了"卡券合一"。比如，收银员输入金额原价后，我们拿出支付宝 APP 扫码支付。扫描后，系统自动识别了商户的优惠活动，直接在金额上扣减。卡（支付工具）和券（优惠活动）无缝衔接，体验完美。这使支付公司 APP 支付拥有了极强的场景导入能力。很显然，这种"卡券合一"在银行塑料卡片时代没有实现（其实技术上似乎是不难实现的），使银行卡支付获取场景、导入流量的能力远弱于扫码支付，从而导致线下支付市场份额的丢失。

而且，统一入口还能解决一个谈判成本问题。以前银行去拓展优惠商户，是 N 对 N 谈判，费时费力。有了统一入口后，由入口服务商（比如支付公司）去和所有商户对接，变成 1 对 N 谈判，谈判成本大幅下降。统一入口与商户谈好优惠活动后，理论上所有绑入支付入口的银行卡均可参与活动。对于用户来说，也就不需要问收银员"你们这里什么银行卡有优惠活动"这样的问题了。

这一例子，很形象地描述了一个问题：做支付，关键是场景。

理解支付

我们回到支付行业，从支付行业的几个特点出发：

（1）廉价性：支付业是一个经济运行的基础设施，就像水电煤一样，这种事情当然是成本越低越好（监管当局也多次要求银行卡降低收费）。所以单笔收费微薄，想要盈利，要么就是总量巨大，要么就是通过其他方式赚钱（最典型的就是通过支付导入流量，再基于流量想办法赚别的钱。而流量要想有用，同样得总量巨大，一丁点流量是没用的）。该特点说明，支付行业，要做就得做大，没法小富即安，所以大家拼命抢地盘。

（2）双边性：支付行业是一个典型的"双边市场"。一边是付款人，一边是收款人，且两边存在深度交互。这种市场起初会遇到"先有鸡还是先有蛋"的问题，你去向商户推广 POS 时，商户会说持卡人这么少我先不铺 POS（因为刷卡要付佣金），你去向用户推广银行卡，他们会说 POS 机那么少。所以，早年政府拓荒银行卡产业，动用行政手段，一边推动银行发卡，一边推动商户铺 POS 机。该特点说明，支付产品初期推广是一个苦差事，要费钱费力气，但市场成型后，后面的用户就会自动加入。互联网行业把这一现象称为"网络效应"。

（3）依附性：支付的起因是交易，交易的起因是需求。所以，做支付，除了做好支付产品外，还要抓取别人的交易或需求，吸引用户在该交易场景中使用自己的支付工具，不是产品好别人就会来用你的。该特点说明，支付的核心是抓取交易场景，我们把它称为"入口"。

所以，做支付，除了支付工具本身要做好之外，更重要的还是抢入口，抢交易场景，推动用户使用我们的支付工具。这才是支付业务。支付公司阵营和银联、银行阵营都懂这一道理，因此支付地盘之争，背后是入口大战。

入口为王

入口又有两种。一种是本身就被自己把控的，最经典的例子就是阿里巴巴的电商，交易场景被阿里巴巴自身把控，大家都使用支付宝（支付工具和支付业务高度融合）。这种领域，别的参与方就不要多想了。另一种入口，则是分散的，谁也把控不了。比如街边零散的商户。这种入口才是大家争夺的对象。

现行比较典型的做法是：

（1）对受理端（收款人）：实施佣金优惠，并提供其他增值服务，包括结算 T+0（垫资）、基于交易流水的放款业务等。

（2）对用户端（付款人）：开展优惠活动，整合 O2O 资源（包括各种生活服务），吸引客户使用本支付方式。优惠的出资方，有时是商户折让（商户提供折让的初衷也是导入流量），有时是银行或支付公司"烧钱"（见图 2–16）。

图 2–16　支付公司以优惠吸引用户

因此，虽然 NFC 产品技术上比扫码便捷，但为了获取场景和入口，银联和他的小伙伴、子公司们还有很多推广工作要做。比如，银联已经推出银联钱包 APP，后来直接更名为"云闪付"（见图 2 – 17），派发优惠券，加入部分 O2O 功能，吸引持卡人用卡，这是它在获取入口上的尝试。

省钱
省心

移 动 支 付 管 家

图 2 – 17　中国银联云闪付 APP

而获取入口是一个苦差事，需要投入大量的人力物力，并需要较长时间的积累。大家曾一度认为，大型金融企业一时难以放下身段做这种苦差事。幸运的是，随着社会化分工的精细化，支付工具和支付业务开始形成了鲜明分工（分工能够让各自把自己优势发挥到极致，提高效率）。出现了一些专营场景、入口、O2O 的专业服务商。比如专业经营卡券等优惠活动方案的厂商，专营 O2O 应用的厂商，由其负责寻找入口和场景，向商户提供优惠活动解决方案，再接入支付工具。这或许正好满足了大型金融企业的入口需求。

银行卡阵营的反击

银联、银行阵营明显已不同于以往的刻板形象，主动求变，开始布局于场景、入口的工作。比如，银行卡支付进入 NFC 时代后，"卡券合一"的统一入口有望实现。

此前发布的 NFC – HCE（安卓系统），是在银行自己的 APP 中绑入银行卡，实现 NFC 支付。银行在自己的 APP 里装入优惠券，则可以实现本行范围内的"卡券合一"。但这仍然是每家银行各自为政，仍然需要各银行去和商户谈优惠（或者由专业场景服务商提供优惠券），N 对 N 谈判，谈判成本仍高。

而若有了一个覆盖多银行的统一的 APP（比如 Wallet），可在该 APP 中嵌入统一的积分和卡券系统，绑入 APP 中的任何银行卡在交易时均可使用积分或优惠券，及积累通用积分。该 APP 实现了覆盖多银行的卡券合一（不用一手持卡一手持优惠券，且某张优惠券可以应用于所有银行卡），比前面的商业模式又更加便捷。

所以，Apple Pay 的出现，是第一次在银行卡支付领域内出现了覆盖多银行的统一入口，为"卡券合一"创造了前提，能够大幅改善银行卡支付的用户体检，从而能够改变银行卡支付行业的格局。同时，我们也有把握预计，其他平台的统一入口还会继续出现，比如银联云闪付 APP，也是一个这样的入口。

但是，有了这个功能，并不代表高枕无忧了，因为去找商户谈优惠活动是个辛苦的体力活。支付公司的扫码支付，拥有那么多交易场景，并在场景中整合进去了优惠券、返现（红包）等功能，吸引大家来用。这场景和优惠券的背后都是汗水，都是当年辛辛苦苦扫街地推拓展商户的成果。这里的优惠包括：商户折让、银行返现、银行返积分等。不管如何，其本质都是向用户提供不同形式的折让，以提升用户对商户的黏性，也提升刷卡次数。因此，思路理清之后，后面依然是工作量巨大的苦活，铺商户，推优惠，取得效果也需要不少时间。但不管如何，毕竟已在正确的道路上前进了。

2.7 支付公司"正接"网联

2016 年 7 月 31 日，财新等媒体报道，央行近日已原则上通过了成立网联平台整体方案的框架，计划年底建成。2017 年 3 月，网联上线试运行，支付公司开始逐步切量。2017 年 8 月，网联公司正式注册成立。但截至目前，关于网联，我们能获得的信息非常少。因此，我们后续的分析，有一部分只能是基于行业逻辑的推演。

"结算—清算"二级账户体系

网联的出世，针对的是支付公司清算问题。我们在前文中已有部分涉及这些内容，此处再做一个更为系统的论述。传统上，银行是我国支付行业的主力军，为大家办理各种支付结算业务，包括我们常用的汇款、刷卡等。长期以来，我国支付行业实施二级账户体系。即，我们这些居民（包括个人、单位等）用户在银行开立结算账户，银行再在央行开立清算账户（见图 2 – 18）。相当于说，央行是银行的清算银行。

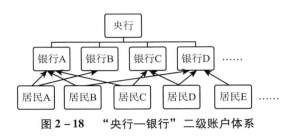

图 2 - 18　"央行—银行"二级账户体系

居民之间的支付结算，如果收付双方都在同一银行开立账户，则很简单，资金在收付双方的账户间完成划转即可。而若收付双方在不同银行开立账户，就会涉及跨行清算，就会用到银行开在央行的清算账户（准备金账户）。还是那个前面出现过的例子：

比如，我从我的工行账户，要向建行账户汇款 100 元。工行从我的账户上把钱扣掉（对于工行来说，负债端的存款减少 100 元），然后，工行从它在央行的准备金账户中，将 100 元资金，划转至建行在央行的准备金账户中（工行资产端的准备金账户减少 100 元，从而保持了资产负债表的平衡）。建行在准备金账户收到 100 元后，相应地在收款人的建行账户上记入 100 元存款（建行资产负债两边都增加 100 元，也保持了资产负债表的平衡）。

因此，二级账户体系中，银行在央行所开的清算账户，以此实现了跨行结算和清算（见图 2 - 19）。

上述汇款的例子，结算和清算是实时完成的，不易辨识。再举一个非实时的例子，更能理解为什么结算、清算是两个不同的环节。

我拿着工行卡，在建行的 ATM 上取了 100 元钱。我的工行存款账户上减少了 100 元，但我收到的现钞，其实不是工行给的，而是建行先帮工行垫付给我的。所以，在工行的资产负债表上，存款减少 100 元，同时增加了对建

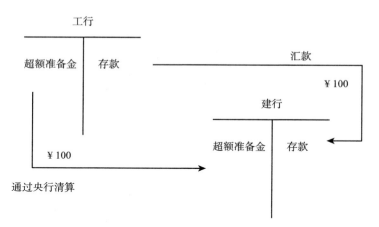

图2-19 二级银行体系下的跨行汇款

行的一笔负债100元（建行则是资产端现钞减少100元，同时增加了对工行的债权100元）。也就是说，我的跨行取款业务（也可以视为是一种结算）使工行、建行之间产生债权—债务关系。

当日终了，各银行在银联系统里清算，工行的准备金账户里有100元转到了建行的超额准备金账户上，结清了这笔债权—债务关系（当然，现实中银行家数很多，清算时是相互轧清净额，不是每笔债权—债务——结清的）。

在本例中，结算、清算是分离的。跨行的支付结算，会导致银行之间产生债权—债务关系。然后，清算其实是结清各家银行之间的债权债务。它所用到的账户，是各银行开在央行的准备金账户。而完成清算还会用各种清算系统，比如大额实时支付系统、小额批量支付系统、中国银联银行卡跨行支付系统、城商行资金清算支付系统等，这些系统均由央行主办或主管。

原理上讲，只要相互结算清算的各单位，在同一个地方开设有账户，就能通过账户之间资金的划转，来完成结算清算。收付双方都开户在同一银行，他们之间的支付就能通过该行账户的资金划转来完成。若开户在不同银行，需要跨行支付结算，则会使两个银行间产生债权—债务关系。然后各银行又通过他们开在央行的清算账户，实现清算。

这种方式就是所谓的"正接"，即所有的参与者在同一处开户，呈"金字塔"状。

支付宝的过顶传球

但是，"正接"不是完成清算的唯一方式，"反接"也可以。还是用我们熟悉的例子：

我们单位楼下只有工行的 ATM，而我只有建行卡，跨行取款手续费太高。于是，但我有个同事，他同时拥有工行卡和建行卡，于是，我从我的建行卡，通过手机银行向同事的建行卡汇款了 100 元（假设同行汇款免费），然后他跑到楼下，用工行卡在 ATM 上取出 100 元，给了我。于是，我从我的建行卡取出了 100 元，而同事则是原本工行卡上的 100 元，转移到了他的建行卡上。

可见，我和同事模拟了一次"跨行取款"，省下了一笔手续费，其本质是一次同行取款，外加一次同行汇款。而实现它的前提，是我的同事同时拥有建行卡和工行卡。如果一个人在所有银行开设账户，并且里面都有可用的余额，那么他就可以履行跨行清算的功能。

2004 年，支付宝成立。支付宝不是国内的第一家第三方支付公司，但它可能开创了虚拟账户，用户可以在支付宝开立账户，里面可以"存"钱。根据监管要求，这些钱受到高度监管，支付宝要把它存管到银行。于是，传统的二级账户体系，变成了三级，即多了一级虚拟账户（即用户在支付公司开立的账户，见图 2 – 20）。虚拟账户用于互联网小额支付，让大家快乐地网购，带来很大便利，起初并无大的问题。

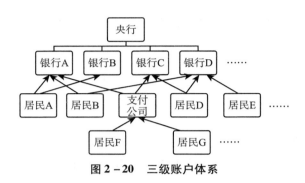

图 2－20　三级账户体系

后来，支付宝同时与很多银行建立合作关系，在各行开有账户。于是，它就具备了跨行清算的功能（图 2－21）。

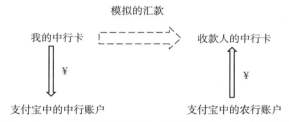

图 2－21　支付公司虚拟账户"模拟"出一次跨行转账

比如，我用支付宝做一次跨行转账，从中行向收款人（可以是自己）的农行汇款。那么，只要从我的中行卡转到支付宝开在中行的账户，然后支付宝再把它存在农行的钱，汇至收款人的农行账户上。至此，支付宝用两笔同行转账，"模拟"了一次跨行汇款（图 2－21 虚线部分），用不着央行的清算账户。

我们把这种"清算"模式称为"反接",即支付公司在无数个银行开设有账户（伞形），就能够实现跨行清算。准确地讲，这根本就不是真正意义的清算，而是绕开了清算。央行主办和主管的多个清算体系，在这一模式下，都不再被需要。银联曾将其称为"过顶传球"，刘慈欣在《三体》里则称之为"降维攻击"，总之是指一种全新的方法，不用正面对撞，就完胜了。

但是，"反接"模式下，会有些新的问题。比如，这本质上是一笔汇款人从中行卡向收款人的农行卡汇款的行为，但是，只要做些技术处理，就可以使银行、央行完全看不出来这一业务本质。银行和央行所看到的，只是两笔同行转账业务，类似于从支付宝账户提现，或向支付宝账户充值，银行和央行根本无从辨别，这是一笔跨行汇款。这大大提升了反洗钱等监管的难度，也加大了央行掌握资金流动性的难度。

总之，"反接"模式绕开了央行的清算系统，使银行、央行无法掌握具体交易信息，无法掌握准确的资金流向，给反洗钱、金融监管、货币政策调节、金融数据分析等央行的各项金融工作带来很大困难。

虽然此前央行一直在加大对第三方支付公司的监管，但这种反接清算模式一直屡禁不绝。由于支付公司的使用场景主要集中在互联网支付、手机互联网支付等小额领域，潜在风险并不可怕。但随着支付公司开始进军线下支付（O2O）市场，虚拟账户的使用场景大幅扩大，风险问题渐渐地不能回避了。央行的最终目标，是把清算系统牢牢掌握在自己手中，以便履行其各项金融职责，开办网联，将反接杜绝。

网联可能的模式

网联的具体业务模式尚未详细公告，官网介绍是"主要处理非银行支付机构发起的涉及银行账户的网络支付业务，实现非银行支付机构及商业银行一点接入，提供公共、安全、高效、经济的交易信息转接和资金清算服务"。据此，再结合支付行业和央行所坚持的清算体系，不难推测其主要内容。"反接"的要害，是支付公司在多个银行开户，所以最为首要的任务，是叫停支付公司在多个银行开户，仅允许依照监管规定，开立一个备付金账户。

根据《非金融机构支付服务管理办法》第二十六条规定：支付机构接受客户备付金的，应当在商业银行开立备付金专用存款账户存放备付金。中国人民银行另有规定的除外。支付机构只能选择一家商业银行作为备付金存管银行，且在该商业银行的一个分支机构只能开立一个备付金专用存款账户。

然后，当客户办理从银行卡往虚拟账户付款（或充值）业务时，如果付款人的开户行和支付公司的备付行不是同一个，那么就会产生跨行清算，这项工作就由网联完成。客户从虚拟账户提现时，若跨行，也同理。或者，直接在支付账户里绑定不同的银行卡，这些卡之间通过支付公司转账，也会需要跨行清算。因此，网联主要服务于以下三类交易的清算：

（1）跨行支付或充值（即付款的银行卡银行不同于备付行）；

（2）跨行提现（即提现的银行卡银行不同于备付行）；

（3）跨行转账。

还有，有了网联，那么不同支付公司的虚拟账户之间也可以实现交易。比如从我的支付宝账户向我的财付通账户转账。当然，技术上能实现是一回事，他们会不会去做，是另一回事。而同一支付公司的不同虚拟账户之间的交易，不涉及银行清算，应该不用网联参与。

最终，网联掌握了较为详尽的客户交易信息，这些信息也同样为央行所获取，用于其各项金融工作。由此，网联将支付公司的"反接"扭转为"正接"，回归传统的清算模式，并受央行监管。我们预计支付公司的虚拟账户业务均将接入网联，各项交易由网联完成跨行转接。

行业影响

网联的成立，对行业中的各方均将产生深远的影响。

（1）用户：网联的设立，是背后清算体系的变革，对支付业务的前端使用没有影响，不会改变用户对第三方支付服务的使用方法。若系统设计得当，性能良好，则也不会影响用户体验。

（2）支付公司：后台清算体系变更，但不影响业务，但沉淀的备付金逐步统一存管，有一定利息的损失。且对银行的议价地位下降。央行能够更加高效地监测支付公司的业务，及时遏制违规行为，有望使整体行业更加规范有序。借助清理整顿互联网金融的时机，某些业务不规范的害群之马可能会被加速清理，行业气象为之一新。

（3）银行：在原来的交易模式下，不一定能得到用户的交易信息，不利于数据的二次应用和开发。现在交易信息可由网联获取，但银行能不能与网联合作得到数据，尚不得而知。若能，则支付公司带给银行的一大心病（交易信息遗失），得到解决。

（4）银联：银联也在争取支付公司的清算市场，网联的出现自然是多了一个竞争对手。

（5）央行：如前所述，力推"正接"模式，以便履行其各项金融工作。

2.8　货币视角看数字货币

在前文我们看到，支付公司阵营与银联、银行阵营的场景争夺还在持续，新的技术却开始涌现。其中，最令人瞩目的，是以比特币为代表的数字货币，引爆了大家对区块链技术的关注。虽然比特币本身仍有一定争议，但将区块链技术在支付领域的应用，仍然是值得期待的。我们用两节的篇幅，讲解区块链在数字货币中的应用。本节主要先回顾货币简史，先阐明货币的本质。然后在下一节中，我们再去研判，比特币之类的数字货币离真正的货币还有多远。

货币的演进：传统观点

我们小时候从课本上学来的传统观点认为，货币起源于一般等价物，即商品货币。人类从原始社会走来，生产力有所发展后，开始产生剩余产品（即超过自用数量的产品），可以用来和别人换自己刚好需要的东西，于是产生了偶然交换。随着交换的扩大，人们发现物物交换有时很麻烦，耦合成功率低，比如你今天想用羊换衣服，但对方却不想要羊，而想拿衣服换陶器，于是交换无法达成（物物交换因需求不匹配而无法达成）。半年后，那个做衣服的人突然想吃羊肉了，来找你，你的羊却早被吃掉了（物物交换因时间不匹配而无法达成）。物物交换受制于种种限制，于是人类找到了一般等价物，作为交换的中介物，解决需求不匹配、时间不匹配等问题。比如，可以拿一头羊作为一般等价物。

一般等价物的出现，也意味着人类"通用价值"观念的形成，即把各种产品、服务的使用价值抽象为一定的数量，并拥有一个单位（也是一般等单位物的单位），比如"一头羊"，这就宣告了货币的出现。于是，价格也出现了，也就是产品的价值相对于每单位一般等价物的价值的倍数。

早期人类使用过各种一般等价物，比如，我国古代早期使用的是贝壳和帛，所以在我国汉字的形成与演进过程中，与钱有关的汉字多有贝字、巾字的形旁。后来，随着冶炼技术进步，金属的使用开始增多，于是开始以贵金属作为一般等价物，可以铸形、分割，比贝壳方便。

后来，正如我们所学到的那样，随着人类生产力继续提高，商品交换的范围扩大，一般等价物携带不便，于是，又发明了一般等价物的代表物（代币），比如银票。比如银子存到银号，银号开出一张凭证（银票）。本来，支付时要先拿银票兑回金币，再拿金币支付。但如果大家都信得过银号，那么直接把银票用来支付即可，银票慢慢开始履行货币职能。但银票不应视为一种完全单独的货币，它只是金属货币的代表物，用它可以提取金属货币，类似存款凭证，是债权。至此，所谓的记账货币的雏形终于出现了。

直至最后，人们发现，即使这一金属的代表物与其背后的金属完全脱钩，也是能充当货币的，只要大家都接受它。于是，完全没有商品支撑的信用货币出现了。现今，通行方法是由国家发行主权货币。

这就是我们所认为的货币演化史，即：

一般等价物（从实物到贵金属）——一般等价物的代币—信用货币（法

币、主权货币）。

该学说最早来自亚里士多德的《政治学》，而后被广泛沿用。然而，对不起，这一切可能与事实并不完全相符……货币有可能一开始就是信用货币，虽然商品货币确实存在过，但并非主流，并且和信用货币之间并无必然的演进关系。

货币就是债

如今主流的货币是银行券，是信用货币，本质是债。准确地讲，是债权。

据央行公布的数据，截至 2017 年 12 月，我国广义货币（M2）总量为167.68 万亿元，其中，流通中的现金（M0）是 7.06 万亿元，这些现金上面印有"中国人民银行"，也就是中国人民银行券，意味着这是央行欠我们的钱，是我们的债权，也是法币。也就是说，央行向民众发行了 7.06 万亿元的纸币，同时还向商业银行发行了 25.61 万亿元的储备货币（大部分是银行存在央行账户上的准备金，少部分是银行库存现金），然后银行再以这 25.61 万亿元的储备货币为基础，向民众发行了 160.61 万亿元的存款货币（见图 2－22）。

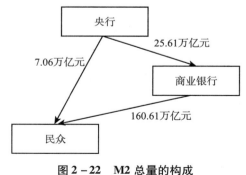

图 2－22　M2 总量的构成

资料来源：中国人民银行。

而图 2 - 22 中，箭头方向代表的是"欠钱"关系，即箭头后端是前端的债务人。总之，在现代信用货币制度下，货币就是债权。一张 100 元纸币代表央行欠我 100 元，而我要向别人支付 100 元时，只要把纸币交付对方，就变成了央行欠对方 100 元，那么也就完成了价值（或购买力）的转移。银行汇款也是同理，也是债（存款）的转移。所以，债权本身就可以充当货币（就是信用货币），只要它标准化、可流通，并且受到民众信任。

但是，与亚里士多德的货币演进史不同的是，有些货币案例表明，货币可以从一开始就是债权，不需要经过一般等价物这一演化阶段。经常被引用的一个例子，是西太平洋岛国密克罗尼西亚联邦的一个叫雅浦（Yap）的小岛，岛上还处原始经济阶段的土著居民，用一种巨大石盘当货币，叫费（Fei）。

费太过于巨大，没法用于流通，交易后，新的持有人不用搬走，也不在石头上面做记号，只让它留在原地，账目都是日后相互抵销。甚至有个人的一块费掉到海中去了，但大家都认同他依然持有这块费，于是他依然可以买东西。因此，与其说这石头是"一般等价物"，还不如说是个记账系统，就是信用货币。况且，这石头并无使用价值，根本不是真正意义的商品。但这石头在居民眼中是财富象征，你拥有石头，就有更多人愿意和你交易，接受你的欠条。

再纵观我国的货币史，能够发现，真正拿一般等价物（比如黄金）充当货币的情况，也非常少。大多时候，我们用的是铜钱和纸币。铜钱是远不足值的，所以它也是一种信用货币，不是以铜作为一般等价物。此外，我国较早开始使用信用货币，除大家熟悉的宋代的交子外，其实我国早在西周就开始出现信用货币"里布"（当时还没有纸，是印在布上的）。而真正拿一般等价物（比如黄金）当货币的情况，在人民日常经济生活中反而占少数。

所以，货币就是债权，或者更通俗点，钱就是债。但，债权总得有记载数字的载体，这载体不能被轻易伪造（或复制），且能长久保存，且方便交付流通。不能随便找片树叶当载体，也不能随便找张纸，否则我自己偷偷可以复制出一大批来，这样的货币是不会有人信任的。因此，人们用一些稀缺物作为载体，比如贝壳、黄金。

所以，所谓的一般等价物，可以解释为它本身的珍贵，使其具有一定价值，充当交易中介（一般等价物的传统观点）；也可解释为，它的稀缺性使其很难被伪造，因此是最好的记账载体。如果接受后一种解释，那么，货币自始至终就是债权，一直都是。我们先暂不继续纠缠于这一论争，先接纳货币是债这一观点。至少在现今社会，这一观点是成立的。

货币史就是债权记账权的争夺史

随着人类进入金属货币时代，我们的祖先早在春秋战国时期就认识到，国家要掌握铸币权，调节货币总量，用以治理经济，这些内容被写在《管子·国蓄》里：

> 玉起于禺氏，金起于汝汉，珠起于赤野，东西南北距周七千八百里。水绝壤断，舟车不能通。先王为其途之远，其至之难，故托用于其重，以珠玉为上币，以黄金为中币，以刀布为下币。三币握之则非有补于暖也，食之则非有补于饱也，先王以守财物，以御民事，而平天下也。今人君籍求于民，令曰十日而具，则财物之贾什去一；令曰八日而具，则财物之贾什去二；令曰五日而具，则财物之贾什去半；朝令而夕具，则财物之贾什去九。先王知其然，故不求于万民而籍于号令也。

文中还明确指出，这些稀缺物品，本身没有使用价值（也就不是一般等价物），国家将其定为货币，并通过投放或回笼这些货币，来调节币值，从而调节经济。因此，这是一种与同时代的亚里士多德完全不同的货币观。而且，从一开始就确定了货币发行人是国家这一原则（中间也出现过国家授权商家发行纸币的情况，比如宋代交子）。

因为，人们之间发生的经济活动，会产生各种债权债务关系，并影响着人们对未来的预期。经济自然有波动，那么所产生的债权债务关系的总量，也是不断波动的。一种数量几乎不变（或按它自己的固有规律在变）的一般等价物，是不能应付这样的波动的（会导致一般等价物自身的价值波动）。因此，货币投放总量要适度调节，一是应对经济波动，二是政府主动调节经济。所谓调节经济，很大程度上通过调节货币的币值，来实现财富在国民中的重新划分，以实现经济发展的均衡稳定。因此，政府要掌握货币这种记账权，来达成此目的。

可惜，几千年人类铸币史表明，这样负责任的政府几乎不存在。政府总有很大动机去多发铸币，榨取铸币税。古今中外均发生了因货币滥发而导致的恶性通胀，并引发危机。那时，民众则不再信任该货币，不再持有、使用，宁愿回到物物交换，或者找寻替代品。

刚好，有一种人勇敢地站了出来，就是前面接受金属货币存款的银号，并签发金属货币的存入凭证，凭证的信誉甚至比政府货币还好，人民愿意接受其作为支付手段。最后，以发行债权凭证为主业的商业机构问世，它就是西方近代商业银行的前身，并且勇敢地站到了滥发货币的政府的对立面。

政府无法制止这种行为，银行券日益流行，但作为新生事物，也面临自己问题。比如，某银号存入了 100 两黄金，他们发现是可以发行更多黄金凭证的，因为存款人不可能同时来取走黄金。这仿佛是一个骗局，但又是商业银行的基本商业逻辑，也就是目前依然实行的部分准备金制度。但是，留多少比例的准备金，得拿捏得当，否则银行就会无法支付存款人的提取，就会遭受挤兑。商业银行自问世以来，因挤兑而破产的事实在是太多了，在威尼斯的口岸，破产银行家的板凳（banca）被客户砸烂，所以破产就叫 bankrupt。

银行破产和其他企业不一样，银行的主要负债——即那种凭证——履行着货币职能，并且涉及无数公众，而这些凭证全变为废纸，会严重打击正常的经济社会生活。所以，银行不能倒，尤其是大型银行。

政府发现任由这些银行家自由发行凭证当货币也不是办法，但又不能彻底收回货币发行权（因为这必然走回滥发货币的老路），于是折中，新设了一家中央银行（或者把既有的一定银行指定为中央银行），相对独立于政府，但又与政府关系紧密，由其充当银行的银行，统一管理众多商业银行的凭证发行行为（比如设定准备金比率等），使货币发行量适当。首家此种意义的央行是英格兰银行。后来，央行还新增了在银行挤兑时给予必要的救助的职责。

最后，这一局面延续至今。总结为一句话：

因政府屡屡滥发货币，银行首先从政府那夺过了货币发行权，但彻底自由发行货币也有不稳定的弊端，因此又发明了央行，对银行发行货币行为给予监管控制。

在此，央行是一个非常关键的角色。首先，他不能和政府完全等同，要相对独立，否则就回到商业银行时代之前的老路上了。其次，他又带有一定的政府的权威性，强化货币的信誉，并管好商业银行这群"熊孩子"。这就是几百年各方争夺货币记账权之后的局面。其中，政府和银行都是有动机多发货币的，只有央行，冷酷而严肃，是唯一能阻止人类滥发货币的"执剑人"。

货币发行人的价值甄别职责

最后还有一个细节值得探究，就是不同发行人，意味着不同的货币最初投放方式，这会产生不同的影响。

所谓货币投放，是指货币第一次投入流通的方式。比如，在银行时代之前，政府直接铸造了金属币，然后可能政府购买、赏赐、发薪俸军饷等行为，将这些钱币投入了流通。所以，其投放对象，是向政府出售产品与服务的民众、受赏赐的人、领工资的公务员和军人等。这一模式下，首先，政府承担货币发行职责，也就承担了对价值的识别职责。政府认可某些人所提供的商品和服务，才用货币向其购买。进入中央银行—商业银行模式后，银行通过放贷款来投放货币，最初拿到货币的人，是通过了银行贷款审核的人。换言之，银行相信他们拿这贷款资金去用于生产，是能够创造更多价值的。

所以，所谓货币发行，不仅仅是印钱那么简单，还要承担对价值的甄别功能。如果甄别功能是混乱的，某些无价值的人和事也能得到货币，那么这种货币发行机制也是不可持续的。比如，印完钱，开直升机去撒钱，也是一种方式，但这种方式显然是不合理的。

我们建立了上述对货币本质的理解之后，就可以作为一个参照的准绳，去分析数字货币。

2.9　数字货币：区块链与未来的支付

在上一节中，我们回顾了人类货币体系的发展历程，确定了货币的本质是债权。现行主流货币体系，是由央行主导，它是长期演进的结果，但也不是完美无瑕。而在本节中，我们将一起用货币学的眼光，审视基于区块链技术的数字货币，能为我们现行的货币体系做出什么样的修正。

货币记账权的核心要点

我们先回顾，在上一节中，我们为货币发行（即记账）的本质概括出几个要点，见图 2 – 23。

其中，第 1 点是成为货币的必要条件，第 2、3、4 点是货币实务中的现实要求，而第 5 点是当局调控经济的需求。因此，一种良好的记账货币体系，至少要满足上述几点。

可是，我们发现，第 1 点和第 5 点存在天然的矛盾。只要存在一个统一的记账人（比如央行），那么它又得控制货币发行量，又得调节货币支持经济，而有时这两个目标是对立的。比如，前几年世界各主要经济体经济形势

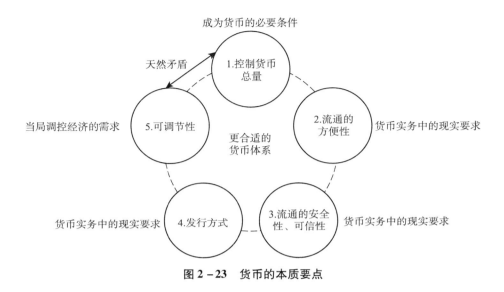

图 2-23　货币的本质要点

都不好，各央行放水试图挽救经济，该行为饱受争议。央行还能坚守她诞生之初的天职（控制货币总量）吗？所以，这并不是一个完美无瑕的体系，央行也会受各种干扰，人类寻找更合适的货币体系的努力，一直没有停止。基于区块链技术的数字货币的尝试，在这个时点，走进了我们的生活。

区块链原理

互联网问世多年，可以在陌生人之间轻松地传递信息，但依然不能解决在陌生人之间传递价值的功能。比如，你可以和陌生的网友聊天，但你很难做出向网上陌生人汇款买东西，因为缺乏信任。而金融又是极其需要信任的，如果能解决互联网上的信任问题，那么互联网金融必有大的进步。

区块链为此做出了可贵的尝试。但从目前区块链所能达到的效果来看，也仅解决了部分问题。严格地讲，区块链不是一种新的"技术"，它使用的都是现成的信息技术成果，但是引进了数学上的非对称加密，从而创造性地实现了去信任化，这无疑是互联网应用中的一步大飞跃。我们简述一下区块链技术。区块链使用了早已流行的 P2P 技术，即点对点分布式系统，不存在中央结点。

在点与点的相互一笔交易中，则使用去信任化技术，从而使双方不需要知道对方是谁。这里用到不对称加密技术（加密、解密用到的密钥是不同的）。以支付为例。A 要向 B 支付一笔货币时，B 先公开一个公钥，A 拿这公钥把即将付给 B 的一笔货币进行加密，并向全网发送。B 用自己对应的私钥解开它，并向全网证明。全网收到后，验证了这次加解密，从而大家都承认这笔钱是付给 B 的（由于不对称算法，别人解不开私钥，但能够验证 B 是不是解开了，这是关键）。然后，这笔交易被记录下来，A 的账户上减去一笔金额，B 的增加一笔。这种基于不对称加密技术的支付，不用两个人之间有什么信任关系，甚至不用知道对方是谁，这就是所谓的去信任化。反正我不管你是谁，交易一旦达成，货币转移，所有人存档为证，不可篡改。在此，区块链出色地解决了数字货币流通中的多项技术问题。

每完成一定时段的交易后，则把该时段内的所有交易，记录下来，且在所有的结点上都记录整个完整拷贝，这就是一个"区块"（block）。因此，这几乎没有被篡改的可能，除非你有办法入侵几乎所有结点。一个个区块首尾相连，就构成了区块链（block-chain）。

以该技术为基础的数字货币陆续问世，其中比特币是最知名的代表。它会不会成为下一代货币呢？我们认为还很远，一是因为现行货币体系，虽然有点问题，但大体还是运行良好的，因此轻言颠覆尚早。二是，我们还得审视下比特币是否满足现代信用货币的要求。

比特币胜算几何？

以比特币为代表的基于区块链技术的数字货币，解决了三个问题：①控制货币总量（用算法决定的）；②流通的方便性（在互联网时代这本身就已不是什么难题）；③流通的安全性、可信性（创造性地去信任化）。但似乎还未解决剩下两个问题：①发行方式；②可调节性。其实，这两个问题是联系在一起的，因为，能够调节货币总量的那个主体（比如央行），肯定也掌握着发行方式（否则无从调节）。但是，比特币体系不存在这一主体，它的发行权是分发给所有参与者，看谁的计算机算力大，谁就能"挖到矿"，也就是获得初始新发的货币。于是，比特币最初是发行给了那些拥有一堆矿机的人。

而且，比特币的货币总量是按照一定算法增长的，但会在某日停止增长。所以，现有算法无法支撑人类经济未来的增长，且缺乏可调节性，不能通过短期增减货币量来调节经济。比特币的创始人中本聪，可能学的也是一般等价物那一套学说，因此把货币理解为物。他设计了一套算法，通过计算机的算力"挖矿"（我们先不讨论"挖矿"获取货币是否公正合理），获得该物，这物就是价值，然后将其作为货币支付出去。而且，算法预设矿的总量是固定的。而支付出去后的货币流通过程，则解决得相对完美，安全性比现有方案都好一些。

但我们上节中已经用很大篇幅向大家介绍了，货币不是一般等价物，而应该是债权。如果把货币理解为"债权"，是记账货币，那么应该是另一套算法。但，如果是记账，每一笔新发货币，就是一笔新债的产生，这就又需要信誉良好的中央记账人（区块链网络去中心化的目标，与此有悖），或者用其他手段保障两个人之间的信用（区块链已有所突破）。这意味着，区块链虽然出色地解决了流通问题，但没有解决发行方式问题。至少在信用货币的框架下（也就是把钱当债的观念下）是这样。当然，我相信，区块链专家们还在为此努力，让我们拭目以待。

央行的数据货币

正如我们所了解的，我国央行已开始研究数字货币，会用到区块链技术。毫无疑问，央行不会自己革自己的命，不会建立一套类似比特币这样不需要央行的数字货币。况且现行货币体系虽然有些小问题，但基本上还是良好地服务于经济的，也未到被革命之时。正如前文结论，以比特币为代表的区块链货币，很好地解决了数字货币的流通问题，但没有解决发行问题。因此，央行引进基于区块链技术的数字货币，可以解决电子现金的流通问题，但发行体系仍然保持现状。

一般来说，严格意义的数字货币是指一种全新的货币，不是现有货币的电子化。而电子现金，则是现有货币的现金的电子化，比如人民币的电子现金，就是和纸币一样，是一种现金的存在方式，只不过它的材质不是纸的，而是电子信号，存储在专门的设备里（电子钱包），它仍然是人民币，不是另一种新的货币。

换言之，央行的数字货币，本质上就是人民币的电子现金，归入 M0。它逻辑上和纸币完全一致，但它不但比纸币更为便利，又因为区块链技术，比传统的电子现金也更为安全。因此，这确实是一项值得肯定的技术。

【本章小结】

支付，价值的传递，和居民生活息息相关，大家可能每天都会有支付行为。人类的支付行为，从最早的物物交换开始，然后有了实物货币作为交易中介，后来还有了信用货币。存款货币出现之后，现代清算支付体系逐渐成形，银行成为支付服务的主要提供方，银行背后还有清算机构，结清银行之间的债权债务。现代的账户支付，本质上都是高效、安全地传递一个划款信息，实现资金在不同账户之间的划转。

近年，第三方支付公司的出现，尤其是带有虚拟账户的支付公司的出现，仿佛一个搅局者，改变了原有的"结算—清算"二级体系，而是在二级体系下面再多出一级。这一改变带来一些风险隐患。首先，由于支付公司过去曾与多家银行直联，因此可以实现原先跨行清算的功能，"模拟"出一笔跨行清算，我们称之为"银联化"，而监管层很难掌握这笔交易的本质。同时，支付公司还曾沉淀了客户的备付金，虽然有相应的规定，但利用客户备付金用于投资获利（甚至卷款潜逃）的情况时有发生，我们称之为"银行化"。银联化、银行化均脱离了支付业务的本质，滋生风险。因此，后续监管的布置，均是按着去银行化、去银联化来展开的。

而移动支付是支付行业中最前沿的领域，较受关注。为实现手机的支付信息交互，各类机构均开展了尝试，但因种种原因未能推广，而支付宝等支付公司利用扫码支付技术，很快实现了推广普及。而后，银联—银行阵营也先后推出 NFC、扫码等支付产品，集中于"云闪付"品牌之下，参与了竞争。但支付产品并非支付业务的全部，支付作为一种高频应用，更大的制胜关键是抓住场景，借此导入交易，形成数据和其他资源。因此，胜负依然难料。

最后，我们还引介了区域链技术在货币中的应用。货币演进到现一阶段，仍不完美，因此人类没放弃寻找更完美货币制度的努力。基于区块链的分布式记账原理，比特币等数字货币应运而生，解决了流通等环节的问题，但仍未符合最理想的货币的需求。当然，演进仍在持续，或许将来我们终究会迎来更完善的支付、货币的解决方案。

3 网银的原理

商业银行经常被放在互联网金融的对立面，有些对比却令人哭笑不得。事实上，商业银行不但从未缺席技术进步，还是新金融技术的积极推动者。

首先，本章的3.1节回顾了银行在过去20多年内如何引领技术前沿。其次，3.2节探讨互联网时代，商业银行有哪些应对新技术的做法。再次，第3.3、3.4节，则分别从互联网银行、直销银行两个更具体的层面，研究银行新业务模式。最后，在第3.5节，对互联网银行业务的广阔前景进行展望。

3.1　浪潮之巅：商业银行从未缺席变革的盛宴

在 2014 年 3 月召开的"两会"上，互联网金融被首次写入政府工作报告。报告指出："要促进互联网金融健康发展，完善金融监管协调机制。"互联网金融进入政府高层视野。而后，央行等监管部门逐步推进监管工作。这意味着，近年来以"搅局者"姿态出现的互联网金融，也正式获得了身份认可，告别"野蛮生长"。而传统的金融服务提供商——商业银行，却似乎有些失落。甚至，当时很多观点把商业银行和互联网金融对立，似乎是银行做得太差了，跟不上时代，马上会被互联网金融取代。

我们将互联网金融变革放在银行业转型的大视野中考察。在这次联网金融浪潮中，作为国内金融业"霸主"的商业银行将做出何种应对，及其将来的命运，这是大家感兴趣的话题。目前，大多银行已积极应对，借鉴吸收互联网金融，推出了一些互联网相关业务，覆盖中低端客户群体，并以此作为应对行业转型的措施。我们相信，像此前历次信息技术变革中一样，银行不但不会成为被消灭的对象，反而是借助新变革实现了行业转型，堪称浪潮之巅的弄潮儿。

我们将银行业与信息技术的结合大致分为三个阶段：首先是发端于 20 世

纪 70 年代的银行业务电子化；而后是 90 年代开始兴起的网络化，代表性的成果就是网上银行，这次变革对银行业零售业务的发展起到至关重要的推动作用；最后是 2010 年后开始的互联网金融浪潮（见图 3-1）。当然，这种划分是较粗略的，但其中的演变脉络十分清晰。

图 3-1　银行业与信息技术结合的三个阶段

第一次革命：银行电子化

电子计算机自二战后问世以来，军事和金融一直是运用信息技术最为积极的部门。银行业引进计算机技术和网络技术的原因，主要是海量的业务处理需要实现自动化，以提高效率，并减少手工处理的出错率。比我年纪更大一点的人，估计都有在电子时代之前去银行办业务的经历，一张一张手写的业务单子，又累又容易出错。金融产品的虚拟性，也适合用信息技术来处理。这一过程，美国、日本等发达国家大约发端于 20 世纪 60 年代，我国则在 70 年代，与发达国家差距并不大。

此次技术变革较少涉及前台服务体系，重点是后台处理系统的电子化，从银行客户端来讲，业务办理的效率明显提升，但银行服务没有本质上的变化。电子化阶段已经开始引进网络技术，但一般仅指银行专用网络（包括银行内部的业务网络、银行之间的清算网络、ATM 专网等），还没有大量使用广域网。从银行管理层、监管者角度讲，能够更高效、实时地获取行内或行业信息，从而增强经营、监管的决策有效性。在这第一次革命之中，银行不但不是落伍者，而且还是领先全社会很多行业的。军事和金融，很快成为信息技术运用最为密集的领域。

第二次革命：银行网络化

银行网络化最大的意义在于推动银行零售业务发展，助力银行业实现向零售业务的初步转型，但尚不能实现信贷业务的高度自动化。

20 世纪 90 年代互联网技术兴起，20 世纪末甚至在国内外资本市场吹起互联网泡沫。在这一次技术变革初期，比尔·盖茨说出那句至今被人广为转载的名言："传统银行若不改变，则将成为 21 世纪灭绝的恐龙。"可惜很多转载都是断章取义，把上半句假设略去，称比尔·盖茨说"银行将是 21 世纪灭绝的恐龙"。但事实远比此要乐观得多，在技术推动下，银行业积极引进互联网技术，将服务渠道搬上互联网（广域网），推出网上银行，降低单个客户服务成本，使银行服务模式产生深刻的变革。移动互联网兴起后，银行又推出移动终端（手机、平板电脑等）上的网上银行，最早用的是 WAP 技术。

我国银行业网上银行大约发端于 20 世纪 90 年代末，并在 2000 年之后日益普及。这个时期刚好是我国人均可支配收入进入新一轮高速增长的时期，零售金融需求旺盛，银行零售业务刚好借助网络技术获得快速发展，在成本可控的情况下快速覆盖海量零售客户，实现了行业向零售业务的初步转型。如果没有网上银行，银行仅用物理网点去服务全体国民，那是一件无法想象的任务。根据艾瑞数据，2013 年国内网上银行总规模达到 930.2 万亿元，电子银行交易替代率为 79%，而部分银行该指标已超 80%，提升空间越来越小，可以说第二次信息技术变革的历史任务已接近完成，用户已基本熟练掌握了网上银行业务。

在网上银行模式中，金融业的整体逻辑没有发生重大变化，只是客户获取银行服务的渠道扩展至互联网（包括银行网站和银行客户端软件，先是桌面电脑网络，后来也可通过移动网络），从而享受更大便利性，银行也大幅减轻户均服务成本。以工商银行为例，2016 年其个人业务的户均"业务及管理费用"为 166 元，与历史上大多年份相比已处低位。可惜很难将其个人业务的费用划分为固定费用和变动费用，经验上看，变动费用可能已低至 100 元左右。

但在这次变革中，银行信贷业务征信环节的信息化水平并不高。在汇兑、理财等功能实现网上办理的同时，信贷仍以线下办理为主，成为金融信息化征途上未被攻克的最后堡垒。我们认为这主要有两方面原因。①主观原因：由于当时信贷投放仍然以大中企业为主（中小微企业业务不发达），单笔交易金额大，节省成本、提高效率并不是头等大事，银行对征信环节信息化的需求并不强烈。②客观原因：存款、汇兑、理财等业务标准化程度高，易于信息化，而信贷业务需要对企业深入分析审核，标准化程度低，尤其是小微信贷业务涉及较多非书面化的"软信息"，难以信息化。

这一问题在第三次信息技术变革中得到破解。互联网金融引进大数据，有可能在信贷业务中实现低成本征信。

第三次革命：互联网金融浪潮

每一次革命，都要划时代地解决上一次革命后未解决的问题，否则称不上革命。我们从第二次革命中已看到，网上银行很好地解决了很多问题，提高了银行服务客户的效率，但是，放款环节却依然没有互联网化。银行的客户经理肯定还是需要跑到现场去审查申请借款的企业。这一难题自然要由新一次革命来破解。而我们在第一章里面已经阐述，随着互联网积累用户的大数据，哪怕一个未曾谋面的用户，银行或互联网企业也能慢慢了解他、熟识他。当积累的用户信息较为充分时，可用于风险定价，放款也就成为可能。

而这些网络上的用户，刚好又是银行所迫切希望介入的。我国银行业发展到今天，除少数银行有差异化定位外，大多银行经营高度同质化，同业竞争到了白热化的程度。一些优质企业，都会有无数银行的客户经理来营销。所以，银行家们寻找新的客户群体的想法，是非常迫切的。而借助互联网金融技术，刚好可以介入长尾市场。

银行通过互联网金融技术介入长尾市场，这其中的逻辑跟第一章互联网金融的逻辑就非常相近了。银行也是一家营利性企业，需要考虑商业的可持续性。长尾市场中的某个客户——比如一个需要 5000 元贷款用来购置生产资料的农户——银行有时是无能为力。因为，如果发放了这样一笔借款，假设利差 3%，那么收入也仅有 150 元，可能银行业务人员跑过去审查借款人的成本都不够。即，收入无法覆盖变动成本。哪怕能覆盖变动成本，比如成本是 100 元，那么银行做这笔业务的毛利也只有 50 元，那可能也无法覆盖其他固定成本。除非客户量非常巨大，那么整个客户群体能贡献的毛利就会很高，才能覆盖固定成本。但银行传统的客户经理怎么可能同时覆盖海量客户呢？

所以，一方面希望变动成本足够低，使单笔业务有利可图；另一方面又希望客户总量足够巨大，总收入覆盖固定成本，才使这一项业务整体上有利可图。这是一笔简单的财务账。银行传统的线下审查、授信的方法，显然是做不到的，这才会有互联网金融的发挥空间。用这种互联网金融的方法做的银行，我们称之为互联网银行，以便与传统的网上银行相区别。我们在本章后续几节，逐步展开银行会如何行动，赶上这次互联网金融革命。

银行会消亡吗？

最后一个问题，在于，如果网络上信息都足够充分了，充分到信贷业务信手拈来，那么我们还会需要银行吗？这一个问题，我们首先要从银行的本质讲起。依据现代金融中介理论，商业银行获取利差收入，主要是基于其三项工作：

（1）信息生产功能（已知信息）：银行负责寻找贷款客户，对他们实施信息收集、处理、审核、贷后监管等信息生产工作。银行为这些劳动获取回报。

（2）资金池功能（又称流动性保险）：存贷双方资金期限不同、规模不同，银行构建资金池，实现短存长贷、小存大贷。银行承担流动性风险，为此获取回报。换言之，银行要保障存款人在任何时候都能取回存款。

（3）信用风险防范功能（未知信息）：信息生产工作不可能完美，总有未知信息导致风险，银行主动承担这部分风险（不将风险转嫁给存款人），即借款人无法按时还本付息的风险（信用风险），并为此获取回报。

所以，银行并不是"躺着赚钱"的，它一方面付出信息生产的劳动，同时又承担流动性风险和信用风险，为此获取回报。银行会不会被彻底取代，那就要看互联网能不能自行完成这三项工作（如果能，则银行确实没有存在的必要）。互联网当然能承担一部分信息生产与传递的工作，但不可能彻底完成这项工作，还是需要银行等金融中介的信息生产。

然后，看流动性风险。除了金融中介采用"资金池"的方式完成错配外，资本市场还可以采用"二级市场转让"的方式完成错配。互联网金融当然也可以建立二级市场，但是要使金融工具能够低成本流通，则要求借款人信息是充分透明的。这就有赖于信息生产工作的成效，即信息生产工作做得好，信息就越透明，金融工具就越能制成标准化合约，就越能在二级市场上有效流通。这就是企业信息透明度提高以后，可以告别信贷，转向资本市场融资的原理。

然而，互联网还不可能促使借款人主动充分披露信息。银行在发放一笔贷款时，通过贷前审核，尽可能充分地掌握借款人的已知信息，并凭借信用管理的经验，评估其未知信息，以此完成风险定价。以最接近理想 C2C 互联网金融模式的 P2P 行业为例，首先借款人信息掌握在 P2P 平台公司手中，并未公布，平台公司成为实际上的金融中介。社交网络的交易者间信息较为对称，但这种网络边界有限，规模不够大。电商网络掌握了交易数据，作为大数据，在征信上有较高价值，但这毕竟不全是公开数据（有时涉及隐私）。因此，我们暂时没有找到证据证明，互联网可以自动完成全部信息生产工作。

在可预见的未来内，我们还是需要商业银行的。

3.2　大象起舞：商业银行如何玩转互联网金融

互联网银行要义

我们先用前文总结的逻辑，简述互联网银行的核心要义。

互联网银行，狭义的是指没有实体网点的商业银行，通过网络开办银行业务（我国目前仅有深圳前海微众银行、浙江网商银行、四川新网银行三家）。而广义的互联网银行，则是指传统银行基于互联网开办各类业务，包括传统的网上银行。日常所谓的互联网银行多指前者，即狭义的。值得注意的是，这里所指的"银行业务"，其实更多程度上是特指贷款业务。因为，银行的"存贷汇"三大传统业务版块，存和汇早就实现网络化了。1995 年招商银行在我国率先开办网络银行业务，至今超过 20 年，除了存取现钞得去物理网点办理之外，其他汇款转账理财等业务均已实现网络化。所以，单单从业务角度而言，此次互联网金融浪潮的关键创新点，是实现信贷投放的互联网化。这一点，和本书前文所述的互联网金融的逻辑，是高度一致的。

放款离不开风险定价，而风险定价的本质，是基于所获得的充分信息，预判某类借款人的"预期损失率"。然后把这个损失率加到放款利率上去，从而实现风险覆盖。传统银行的业务员辛苦地跑到借款人（企业或个人）那边去现场调研，也是为了收集可用于预判损失率的数据，作为放款的决策依据。这个过程叫授信。在大数据时代之前，授信都是线下进行的（借款人大量数据是非书面化的，需要业务员自己采集）。虽然互联网能够传递数据，但借款人自己递交的数据是不可信的。如今，随着 UGC 网络盛行多年，数据快速积累，大数据开始体现商业价值，于是大数据征信问世。基于所获得的大数据，经过一定的处理，能够得到某类借款人的预期损失率，从而能够实现风险定价。于是，不用见面，也能发放贷款了。

至于客户定位，因为互联网放款全流程都由信息系统和模型自动完成，因此单笔业务成本极低，从能够满足长尾市场（单笔交易额很低，比如低至几千元）的信贷需求。传统银行由于成本所限，是无法服务这类客户的。所以，互联网放款的最大意义，在于将金融服务覆盖到了原先空白的一个群体，这是利国利民的好事。这便是互联网银行（贷款业务）的核心逻辑。我们将其概括为图 3 – 2。

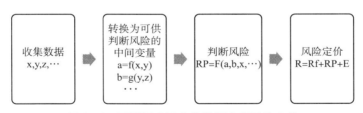

图 3 – 2　互联网金融收集数据实现风险定价

第一阶段：互联网企业先拔头筹

基于上述核心要义，我们发现，拥有大数据是整个逻辑链的前提。而在大数据方面有先天优势的大型 UGC 互联网企业，抢先进入了互联网银行领域。2015 年，深圳前海微众银行和浙江网商银行先后开业，他们不设营业网点，依靠自己掌握的大数据开展银行业务。2017 年，我国第三家互联网银行四川新网银行创立。而传统商业银行在这方面动作缓慢，其原因之一可能是现有银行业务虽然都说压力很大，但其实还是有利可图，还没被逼到得到处找饭吃。但毫无疑问的是，在越发激烈的竞争面前，他们早晚会被逼到到处找饭吃的地步。所以，某些意识超前的商业银行，已有所布局。

传统银行参与互联网银行，最快捷的方式是向几家互联网银行"批发"资金，由其去投放互联网信贷。

从深圳前海微众银行、浙江网商银行这两家互联网银行（四川新网银行由于新近成立，暂时没太详细的信息）的情况上看，它们暂时没有太好的存款基础，因此通过同业业务向其他银行吸收资金，这也是一种较好的方式。而且，目前其信贷利率还是非常高，完全可以承受同业资金成本。况且，利率市场化完成后，同业资金利率与存款利率理应相近（虽然目前还没达到这种状态）。此外，存贷比的取消也为这种模式亮出绿灯。这些情况均反映在它们的年报数据中，2016 年年报显示，两家银行的同业负债占比显著高过同业水平，其负债获取高度依赖同业负债（见表3–1）。

表 3–1　　　　　　　　　　互联网银行高度依赖同业负债　　　　　　　　单位：%

银行	同业及其他金融机构存放款项占比	吸收存款占比
网商银行	31.4	40.5
微众银行	78.0	7.3
北京银行	17.5	58.3
上海银行	17.2	51.8
江苏银行	21.0	59.9
南京银行	6.1	65.4

续表

银行	同业及其他金融机构存放款项占比	吸收存款占比
宁波银行	5.3	61.3
杭州银行	9.5	54.0
贵阳银行	5.1	75.1

资料据来源：各银行 2016 年年报。

但是，这一模式下，传统银行并未接触到互联网银行业务的核心，只是为他人作嫁衣裳，然后分一杯羹而已。这就是初级阶段，是给互联网银行输送弹药。但显然，银行不会只停留在这一阶段。

第二阶段：寻找大数据金矿

还是基于互联网银行的逻辑，大数据是第一步。商业银行本身也拥有海量数据，以金融交易数据为主，与现代意义的互联网大数据，仍有较大区别。他们要想真正开展互联网银行业务，就得到处去找大数据金矿。而找矿有两种方式：

（1）自建网络服务积累大数据。比如，大型商业银行，参考电子商务网站的做法，自己从零开始搭建一个电商网络，自行积累数据。目前，很多大中型银行均已开办了自己的电商网络，也在其年报披露了有关业务数据。比如工商银行 2014 年年报称："定位于名商、名店、名品的'融 e 购'开业仅一年注册客户超过 1200 万人，交易金额突破 700 亿元，跻身国内电商前列"而 2016 年，其交易额就已达到 1.27 万亿元，增长非常迅猛。除了电网网络外，银行也可以自建即时通信（比如工商银行"融 e 联"即时通信平台）等其他网络服务，也能积累其他大数据。当然，这类自建平台积累数据毕竟需要一个过程，收效尚需时日。

（2）向外部大数据源寻求合作。数据无处不在，几乎所有的企业、组织都有自己的大数据，很多都可以用来授信。因此，商业银行可以与他们合作，有偿获取他们的大数据，用于授信放款。类似的大数据合作已较普遍，近年比较典型的实践案例，是中信银行与银联商务（国内最大的 POS 收单机构）合作，中信银行基于银联商务的 POS 交易数据，为商户提供"POS 贷"。但该业务也未彻底实现网络化，申请贷款时银行业务员还是要去商户现场查看，但原理上已经是互联网金融。从严格意义上讲，浙江网商银行也是这条路子。因为，阿里巴巴并不是浙江网商银行的直接股东，两者名义上相对独立，浙江网商银行需要从阿里巴巴有偿获取数据，用以授信放款。

互联网银行的第二阶段，自己积累数据或向外寻找数据。目前来看，向外寻找数据是一条比较现实的路径，现实中可以寻求的数据源还非常之多，各家银行均可加紧采矿。

第三阶段：第三只眼征信

当银行四处搜寻可用于授信的大数据时，用户数据散落于各种互联网平台上，多家银行与多家数据源对接谈判，交易成本极高，这时就有专业化分工的需求。如果有一家独立第三方机构，专业从事征信工作，它负责从各个数据源获取数据，然后完成征信，将征信结果出售给银行，那么整个过程的交易成本将大为节约。

我们把第三方征信机构称为"第三只眼"。此前已有多家公司从事这项工作，最终央行于 2018 年 2 月批准了第一张牌照，即百行征信有限公司，俗称

"信联"，而后已经开业。当然，严格地讲，征信与授信是有区别，我们已在前文阐述过这一点。此处仍暂且使用"征信"一词。由第三方征信汇总所有数据源，进行征信，这种模式与"多对多"谈判的模式相比，至少有几个特点：

（1）多个数据源的汇总，产生"1 + 1 > 2"的效果。有时候，单个数据变量不一定能够反映信用水平，但不同数据源的汇总（也就是不同数据之间相互计算），得到一个中间变量，该中间变量却能反映信用水平。比如，小明与小红在微信上约定时间见面，小明按时到达后，用手机打给小红说"我到了"，此时若要检验小明是否守时，所需数据分别分布在腾讯（微信）和通信运营商（手机）的数据库里，这两个数据要汇总计算，才能得到"小明是守时的"这一结论。因此，多个数据源的汇总，征信效果要远优于单个数据源。第三方征信公司汇总多个数据源，有巨大优势。注意，银行是放款者，同时也是数据源，他们的历史信贷记录也是数据源之一。

（2）征信公司的产品是"信用结论"或"信用预测"，供放款人参考使用。"结论"就是对征信对象过去信用水平的客观陈述，这是一张信用报告。"预测"则是基于一定的模型，代入一定的变量，从而预测其未来的信用水平。但如果变量的未来值很难获取，那么就只能假设"过去信用好的人未来也会好"。这种做法可靠不？其实很容易检验，只需找一堆截止于前年（含）的数据，代入模型一算，得出信用评分，然后再拿这些人去年的信用表现，和这个信用评分比较，就能判断出这个征信体系是否可靠。

（3）征信公司要独立、公正，保持公信力。值得注意的是"独立性"，这意味着征信机构不能是数据源，也不能是放款者。而有些机构既掌握数据源，又想做金融，然后来做征信，这可能会使其独立性不足，它可以成为自己体系内的征信者，但影响其成为"独立第三方"。

未来，如果征信公司发展壮大，足以给出所有征信对象的征信结果（也就是这类借款人的"预期损失率"），那么放款就变成了一件非常轻松的事情。放款人只要在自己的三大成本（资金成本、营业成本、合理利润。利润可视为资本的成本）的基础上，加上预期损失率，就能够确定放款利率。

这就是互联网银行的第三阶段，即第三方征信时代。预期损失率从征信公司那里购得，所以，这时各放款人比拼的就是成本。资本成本假设是相对一致的，那么比拼的就是资金成本和营业成本。这两项成本中，资金成本占比较高（营业成本占比很小）。很显然，大型银行的资金成本更有优势，但纯互联网银行的营业成本更有优势。因此，真到了这一阶段，大型银行由于有大型企业客户提供存款（大型企业客户的个性化服务仍然需要银行，互联网产品相对标准化），其资金成本优势明显，有可能在这一阶段竞争中更胜一筹。

终极阶段：透明的人

上述第三阶段还没实现，但已看到苗头，信联已经起步，其他也有公司在尝试。但更长远的未来，数据收集与处理技术无比强大，并彻底普及，所有人的所有信息都被瞬间收集处理，每个人都成为透明的人（当然，数据也需得到充分保护，不会人尽皆知）。此时，终极征信机构随时算好此人的征信结果，也就是随时算好了他的贷款利率和额度。

于是，购物时，他用虹膜往联机 POS 上一扫，然后轻轻一按确认键，自己的个人账户就会被"贷记"（透支）一笔金额，并开始计息（或者有免息期）。所谓放款，就在一键之间。这个假设有点可怕。若真如此，银行的信息生产工作很大程度上被取代，银行存在的根基开始松动了。幸运的是，短期内我们可能不用为那么远的事情操心。但是，互联网金融与银行结合，确实已经成为现实。我们用下面两节篇幅，分别分析互联网银行和直销银行。

3.3 互联网银行的核心逻辑链

本节所指的互联网银行，是为狭义，即无物理网点的商业银行。前文已提及，我国有三家真正意义的互联网银行，即深圳前海微众银行、浙江网商银行、四川新网银行。四川新网银行新近成立不久，因此我们主要分析前两家。

互联网银行双雄

微众银行和网商银行是我国最早成立的两家互联网银行。2014 年 7 月，银监会披露称，近日已正式批准三家民营银行的筹建申请，其中包括由腾讯、百业源、立业为主发起人的深圳前海微众银行（以下简称"微众银行"）。2014 年 12 月 12 日，微众银行完成筹建，获准开业。根据当时披露的公开信息，微众银行注册资本金 30 亿元，经营范围包括吸收公众、主要是个人及小微企业存款；主要针对个人及小微企业发放短期、中期和长期贷款；办理国内外结算以及票据、债券、外汇、银行卡等业务。业务模式上，微众银行定位于"个存小贷"，服务个人消费者和小微企业客户。

同年 12 月 28 日，微众银行官网（www.webank.com）上线，成为我国第一家互联网银行。2015 年 1 月 4 日，微众银行发放了首笔贷款，金额 3.5 万元。2015 年 1 月 18 日，微众银行试营业（内容包括为银行股东、银行员工办理开户；邀请目标客户参与业务体验；加强同业联动，建立合作关系等。不是正式对外营业）。

2014 年 9 月 29 日，银监会批复，同意浙江蚂蚁小微金融服务集团有限公司等发起人筹建浙江网商银行。2015 年 5 月 27 日，银监会发布公告，浙江网商银行股份有限公司获准开业，核准其注册资本为 40 亿元人民币。2015 年 6 月 25 日，浙江网商银行正式开业，目标业务是"小存小贷"，致力于服务电商平台上的商户和个人消费者。

2017 年初，两家互联网银行披露了 2016 年年报，双双实现盈利，交出了一份不错的答卷。其 2016 年（末）的主要财务数据如表 3－2 所示。

表 3－2　　　　　　　　　两家互联网银行的主要业绩数据　　　　　　单位：百万元

项目	网商银行	微众银行
资产总额	61522	51995
贷款净额	32891	29862
存款总额	23212	3297
营业收入	2585	2449
利息净收入	2405	1835
净利润	316	401

互联网银行的逻辑

前文多次提及的互联网金融的逻辑，在互联网银行身上也是一样的。

对于我国银行业乃至金融业而言，互联网金融是新生事物。"新"在何处？首先，肯定不是新在"互联网"上，因为互联网不是新生事物，互联网和金融的结合已实践了 10 多年，但传统的网络银行业、网络证券业并不是我们如今热议的互联网金融。最显著的新特征在于"大数据"，互联网金融的核心创新就是大数据。我们将互联网银行视为互联网金融的一个子业态（就像银行是金融的子业态一样）。因此，互联网银行一方面要遵循互联网行业的最新逻辑，另一方面仍然要遵循金融业、银行业的本质逻辑。我们首先据此梳理出互联网银行的主要逻辑链。

1. 核心逻辑链：场景—导流—大数据—征信并授信

这一核心逻辑与任何金融都是一样的。和任何放款交易一样，互联网金融要实现放款过程中的风险定价（也就是量化风险，然后据此科学地拟订利率）。传统银行业通过对借款人的贷前尽调实现风险定价，这种尽调结果不可能彻底量化，很大程度上需要信贷审批人员的经验。而互联网金融则试图通过分析大数据，实现批量、海量、快速的征信并授信，并且几乎是纯量化的。

这种征信有两点意义：

（1）成本低廉：由于互联网金融面对长尾市场，单个客户金融交易的金额很小，因此能够承担的融资成本也非常小。比如一笔总额几万元的贷款，按照传统利差估计，银行能够从中获取的收入也就几百元钱，完全无法用传统的实地尽调等方式来完成征信。因此，利用大数据批量快速实现授信，首先能够降低成本。

（2）海量客户：同样由于单个客户交易金额微小，属于长尾市场，能够回报金融服务商的对价更小，金融服务商只有通过批量覆盖海量客户，才能实现这项业务整体盈利。

因此，互联网金融的核心是基于大数据的征信并授信。大数据是金矿，金矿并不等于金子，还需要精湛的冶炼技术。这种征信方式能否实现更好的风险控制，则取决于数据分析能力，也就是：能否将纷繁复杂的大数据，转换成能够用于征信的信息。这可能是所有互联网金融面临的问题，也是整个大的逻辑链能否成为现实的关键。

2. 大数据金矿

这一切的前提在于大数据。我们前文回顾互联网发展史能够发现，互联网并不天然等于大数据。事实上，大数据是随着 Web 2.0、UGC（user generated content，用户生成内容）兴起后，才慢慢积累起来。在 UGC 网络兴起之前，由网站主办方单方面从事信息生产，信息总量毕竟有限，称为 Web 1.0 时代（见图 3 - 3）。

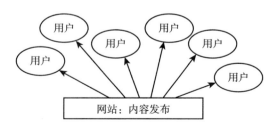

图 3 - 3　Web 1.0 时代内容由网站发布

只有 UGC 网络充分发展后，才出现了真正的信息爆炸，大幅推进了数据的积累和传播。典型的 UGC 网络包括社交（包括熟人社交和生人社交）网络、资讯（视频、图片、专业知识等）共享网络等，电商网络也能视为 UGC 的一种类型，交易行为就是它的内容。UGC 网络所产生的信息，又分为公开和私密两大类，比如电商网络的交易数据是私密的，放贷人在获得用户授权后才有权获取（见图 3 - 4）。

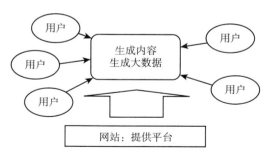

图 3 - 4　UGC 时代内容由用户活动生成

UGC 网络的主办方不再提供内容服务，他们仅提供平台服务，而由用户自行完成互动，从而实现数据留存。大数据因"大"而有价值，因此这些网络会想方设法去导入流量，并且有可能为此花费大量支出，俗称"烧钱"。

3. 从数据到信息

从数据到信息的过程，就是从金矿到金子，也是最关键的过程。掌握大数据后，更为关键的一步是从数据到信息的转换，即将大数据转换成能够用于征信、授信的有用信息。

毫无疑问，电商网络的数据是最为直接可以应用于征信的，因为那是最直接的交易信息，其存储本身是结构化的，也易于处理。但简单也有其弱点，就是其背后的变量和算法容易被用户掌握，从而使恶意骗贷者有机可乘。这类似于淘宝"刷信用"的行为，即，如果信用体系是相对明晰的（也就是大家都知道哪几个变量最为影响征信结果），那么用户可以有针对性地采取行动，刻意美化那些变量，达到"好信用"的标准。同样，其他好客户如果刚好某个变量不优异，则可能会被"错杀"。

为解决该问题，目前逐渐引进非结构化数据征信，比如比较热门的美国大数据征信公司 ZestFinance。ZestFinance 广泛收集借款人的数据，包括第三方数据（信贷记录、司法记录、居住情况等）、用户自身提交的数据（水电煤账单、电话账本等)、互联网公开数据(来自社交所其他网络的信息)等,然后通过机器学习等方式,进行大数据挖掘,寻找变量间的关联性,再据此逐步转换为有用的测量指标,代入模型,模型结论最后还要经模型投票,形成最终的信用分数(见表3-3)。

表3-3 传统征信与大数据征信的比较

项目	传统征信	大数据征信
代表机构	美国 FICO、中国央行等	ZestFinance、芝麻信用、腾讯信用等
征信对象	有贷款记录的	无贷款记录的
数据格式	结构化数据	结构化与非结构化数据
数据来源	信贷数据	信贷数据和各种网络数据
数据挖掘	基本不需要	需要
理论基础	逻辑回归	机器学习
变量个数	相对较少	多
服务对象	银行为主	内部使用,也可提供给银行等

资料来源:参考刘新海,丁伟. 大数据征信应用与启示——以美国互联网金融公司 ZestFinance 为例 [J]. 清华金融评论,2014(10):93-98;刘新海. 阿里巴巴集团的大数据战略与征信实践 [J]. 征信,2014(10)。

ZestFinance 的核心是建立数据挖掘模型,将大量原始变量间的关联性进行"解读",让模型"读懂"其真实含义,并最终运算出有用的征信信息。原始变量规模巨大,使借款人"刷信用"难度大为增加,也使部分达不到常规征信标准的用户,能够有机会申请到贷款。非结构化数据的大数据征信应用,在我国尚处起步阶段,阿里巴巴、腾讯等公司均有尝试,分别建有芝麻信用、腾讯信用公司。因此,大家比拼的,除了看得见的资源——大数据,更比拼看不见的实力——大数据征信能力。而且,对于原先没有贷款记录的用户而言，这种大数据征信可以弥补缺憾。传统征信是基于信贷记录，历史信贷记录是最可靠的、最严格意义的信用数据。那么无信贷记录的人被排除，难以获取贷款，这显然是个缺憾。给无信贷记录的人放款，这第一步终归要有人来做的。

这里，我们想起了世界上第一家互联网银行，1995 年诞生于美国的网络安全第一银行。这在当时是一个非常耀眼的案例，但却不是一个成功的案例，经营得并不理想，后来被传统银行收购了。"水泥 + 鼠标"与"纯鼠标"的高下之争，最后无疑是前者胜出。因为，那个年代，还没有太成型的"大数据"可供利用，纯线上模式的银行，除节省一些经营成本之外，并没什么特长……

与传统银行的关系

事实上，上述互联网银行的逻辑链，传统银行的线下业务也是一样的。比如，如果一家新企业主动找上银行申请贷款，银行对它很陌生，显然不可能看了他的财务报表后就立即发放贷款。此时，银行往往会要求企业在本行开立结算账户，企业日常经营结算放到该账户，银行观察一段时间该账户的情况。比如大约观察个 1~2 个季度，基本上就对该企业的日常经营心中有数了。这其实就是一个积累数据用于征信的例子。

只是，上述例子是一家大银行，企业会主动找上门，因此银行没有主动"导流"环节。而有些小银行就有导流环节，主动拜访企业，为其开立账户，该账户没有任何手续费（包括账户管理费、汇兑手续费等），以此吸引该企业使用该账户进行日常经营结算。日后企业若有信贷需求，银行就能够根据所掌握的企业日常经营现金流，初步判断该企业偿债能力。当然，传统银行也会在征信中引进非结构化数据，比如给小微企业授信时需要考察企业主的软信息（人品、行为习惯、口碑等），由客户经理凭经验主观判断。

因此，上述逻辑其实是银行业的固有逻辑：导流—（大）数据—征信并授信。只不过传统银行是在线下进行，而互联网银行则在线上进行，海量、迅捷，并能覆盖长尾市场。因此，互联网银行，核心是大数据收集与处理过程的"互联网化"（而不是日常业务办理的互联网化）。传统银行，一是不具备互联网大数据（但也拥有不少企业的数据），二是不具备处理大数据的能力。因此，传统银行处理线下数据，互联网银行处理互联网上的大数据，似乎泾渭分明，有所分工。但事实上，业务合作与竞争关系还是会存在。比如，阿里巴巴这样的大型电商平台，拥有海量大数据和客户，光靠自己一家互联网银行，估计还吃不完。于是，是不是与其他银行存在合作方式呢？这一点我们将在后文展开。

3.4 直销银行要义

2015 年 11 月 18 日，中信银行与百度联合宣布，合资开办一家直销银行，拟定名为"百信银行股份有限公司"。银行是独立的子银行，由中信银行控股。从此，一个新名词进入大家视野，那就是直销银行。2017 年 11 月 18 日，该银行正式开业，最终定名为"中信百信银行股份有限公司"。

概念如云

而除了直销银行外，其他类似的概念还很多：网络银行、网上银行、手机银行、互联网银行、电子银行、虚拟银行，以及最新出世的直销银行。首先，我们先厘清几个概念，重点是直销银行、网上银行和互联网银行。

直销银行（direct bank）：几乎不设营业网点，只通过信件、ATM（包括 CRS、VTM 等）、电话、互联网（邮件、网站、银行软件或 APP 等）等远程通信手段开展业务的银行。代表者是荷兰 ING Direct。直销银行，有时是独立的银行，有时是金融企业的独立子银行（比如百信银行），有时则是银行的一个部门（或事业部）。我国在百信银行之前，直销银行均是部门（或事业部）制。以下是海外几家代表性直销银行（见表3-4）。

表3-4 海外具有代表性的直销银行

直销银行	类型	所属金融集团	所在国家和地区
ING Direct	金融集团下属直销银行	ING Group	澳大利亚、奥地利、德国、法国、意大利、西班牙
Moneyou	金融集团下属直销银行	ABN AMRO	比利时、荷兰、德国
RaboDirect	金融集团下属直销银行	Rabobank	比利时、爱尔兰、德国、波兰、澳大利亚、新西兰
HSBC Direct	金融集团下属直销银行	HSBC	加拿大、韩国、中国台湾
First Direct	金融集团下属直销银行	HSBC	英国
NIBC Direct	金融集团下属直销银行	NIBC	荷兰、比利时、德国
Ubank	金融集团下属直销银行	NAB	澳大利亚
SmartyPig	独立直销银行		美国、新西兰
Ally	独立直销银行		美国
Simple	独立直销银行		美国
Flagstar	独立直销银行		美国

资料来源：林玲. 金融创新视角下我国直销银行发展的思考［J］. 上海金融，2014（12）：107-109。

以下是我国部分直销银行，此前由现有银行的部门（或事业部）运作（见表3-5）。

表3-5 我国部分直销银行

发起银行	直销银行名称	上线日期	客户端		网址
			PC	APP	
北京银行	北京银行直销银行	2013.09.19	有	有	https：//www.bobdirectbank.com/
民生银行	民生银行直销银行	2014.02.28	有	有	http：//www.mszxyh.com/

续表

发起银行	直销银行名称	上线日期	客户端		网址
			PC	APP	
上海银行	上行快线	2014 年初	无	有	https：//www. mybosc. com/index. do
兴业银行	兴业银行直销银行	2014.03.27	有	有	http：//directbank. cib. com. cn/
华润银行	华润直销银行	2014.03	有	有	https：//www. icrbank. com/wel-come. jsp
包商银行	有氧金融	2014.06.28	有	无	http：//www. bszxyh. com/#1
南京银行	你好银行	2014.06.30	有	有	https：//www. nihaobank. com/
重庆银行	重庆银行直销银行	2014.07.24	有	有	https：//zhixiao. cqcbank. com/
平安银行	平安橙子	2014.08.06	有	有	http：//cz. pingan. com/index. shtml
江苏银行	江苏银行直销银行	2014.08.10	无	有	无
台州银行	大唐 e 家	2014.08.21	有	无	无
南粤银行	南粤 e +	2014.09.16	有	无	https：//one. gdnybank. com/
华夏银行	华夏直销银行	2014.09.19	有	有	http：//www. hxb. com. cn/wlyx/zxyx/cpjs/index. shtml
宁波银行	宁波银行直销银行	2014.11	有	无	https：//zxyh. nbcb. com. cn/
浙商银行	浙商银行直销银行	2014.11	有	无	https：//directbank. czbank. com/
浦发银行	浦发银行直销银行	2014.11	有	无	https：//ebank. spdb. com. cn/
恒丰银行	一贯	2014.12.01	无	有	https：//www. yiguanjinrong. com/
攀枝花市商业银行	芒果银行	2014.12.01	有	有	http：//mg. pzhccb. com/
兰州银行	百合银行	2014.12.30	有	无	https：//www. baihe-bank. com/pac-ctweb/
徽商银行	徽常有财	2015.01.26	无	有	https：//zx. hsbank. com. cn/direct-Bank/
杭州银行	杭州银行直销银行	不详	有	有	http：//www. hzbank. com. cn/mo-bile/zxbank. html
长沙银行	掌钱	不详	无	有	http：//www. gripay. com/index
工商银行	工银融 e 行	2015.03	无	有	无

资料来源：武敬云. 我国直销银行体验报告 ［J］. 银行家，2015（4），本书在引用源基础上有所更新。

与之容易混淆的概念有：

网上银行（online bank）：传统银行开通网络服务，便于客户办理业务。网络是他们向客户推送现有业务的一种新的渠道。目前，几乎所有银行均已开办网上银行。如果用移动终端（手机）上网，接入网上银行，则又称手机银行。

互联网银行（internet bank）：过去称纯网络银行，就是完全通过互联网开展业务的银行，没有实体网点。海外代表者是安全第一网络银行（Security First Network Bank），国内目前包括深圳前海微众银行、浙江网商银行、四川新网银行三家，具体内容请见上一节。

网上银行与互联网银行又可以统称网络银行（network bank），这一名词含义不够明确，现在并不常用。此外还有两个比较古老的概念，现也已基本不用。

虚拟银行（virtual bank）：任何不通过实体网点办理的银行业务，均可称为虚拟银行，包括直销银行、网络银行、互联网银行等。这一概念就是个大箩筐，内涵极其含糊，现已用得极少。

电子银行（electronic bank）：大概是2000年前后，银行业务已经实现电子化，但还没接入互联网，当时习惯称电子银行。早期代表就是ATM（接入银行专网，不接互联网）。现在都充分互联网化了，电子银行概念也基本绝迹。

前三个概念之所以容易混淆，原因在于：

（1）直销银行与网上银行：我国此前的直销银行都不是独立子银行，而是银行的一个部门（或事业部），虽然有些银行为直销银行设了独立品牌，但品牌形象还不够独立，容易与该银行的网上银行业务混淆。百信银行是国内首家以独立子银行形式开办的直销银行，品牌更清晰，定位更明确，且独立自主经营（少受银行传统机制影响），具有标杆意义。

（2）互联网银行与直销银行：理论上，互联网银行是直销银行的一种。直销银行可采取各种远程通信手段（信件、ATM、电话、互联网等）开展服务，而互联网银行则主要采用互联网。但在实践中，互联网银行也会引进ATM、电话等手段，所以最终两者区别将会十分模糊。

直销银行要义

直销银行在海外不是新生事物，鼻祖是1965年成立于德国法兰克福的"储蓄与财富银行（BSV）"，也就是荷兰国际直销银行（ING – Diba）的前身。当时没有电子网络（不管是专网还是互联网），最早用信件办业务。这就好比，邮购是电商的前身。试想，你给银行寄了封信，里面有一张支票，说你要存100欧元……哦，不对，是德国马克……这种业务模式现在似乎很难想象。而后，进入互联网时代之后，直销银行的发展进入快车道。

我们对直销银行的分析，继续用前文的思路。银行办业务的成本，也可分为固定成本和变动成本（和工业企业一样）。直销银行放弃物理网点，用远程通信开办业务，最大优势是变动成本和固定成本都低。变动成本由单个客户的收入来覆盖（单个客户的收入超过变动成本，形成毛利），而所有客户的毛利总和，又要超过固定成本，这才形成银行利润。直销银行把单个客户的变动成本降低后，使每个小微客户实现正毛利。但单客的毛利很小，如果客户量太少，那么总毛利也无法覆盖固定成本，所以又要获取海量客户，从而使总毛利超过固定成本，实现可观的盈利。

（单客收入－变动成本）×客户数－固定成本＝利润

由此，两个推论：

因为单客收入很小，所以变动成本越小越好（使单客毛利越大）。

单客毛利固定后，客户数越大，固定成本被分摊，利润越高。

其实这是银行零售业务的通行原理。

以工商银行为例。2016 年底，工商银行拥有 5.3 亿个人客户，全年实现营业收入 2381 亿元（人均 449 元），产生营业支出 1068 亿元（人均 202 元。含费用、税费、拨备。无法拆分变动成本和固定成本），实现税前利润 1313 亿元（人均 248 元）。如果你想去向工商银行申请贷款 2000 元，即使按利差 2% 计，那么你能为该行带来利差收入 40 元，如果该行每次放款都来审查一次，那么变动成本绝对超过 40 元了。所以，这种业务一般用信用卡办理，一次审查，后面随借随还，变动成本很小。然后，还要尽可能获取大量客户，使总的毛利超过固定成本。由于固定成本太高，客户数不够，很多银行的信用卡业务仍未实现盈利。

进入互联网时代后，这一原理也没改变。但直销银行借助互联网手段，能够进一步降低变动成本、固定成本，增加海量客户，所以更容易实现上述逻辑。从这一点基本要点出发，我们提出直销银行的三点要义：

（1）业务模式是向海量客户推送标准化产品。变动成本要小，客户数要大，这决定了只能是向海量客户推送简单的标准化产品，而且交易流程要非常简洁，体验良好。定制化产品会抬高变动成本（但复杂金融产品必然要求定制化，所以暂时并不适合直销银行。将来若智能化金融进一步成熟，自动实现定制化，则能有改观）。客户数太少则无法覆盖固定成本，因此需要海量客户。

（2）利用"应用场景"导入海量客户。既然是标准化产品，则意味着高度同质化，设计难度不大，竞争对手也可轻易模仿。因此，谁能获取海量客户，成为成败关键。获取海量客户的方式，要么"烧钱"（这是互联网企业的强项，但不可持续且忠诚度低），要么利用专有应用场景导入流量，这也是互联网企业的强项。银行与互联网企业的合作，看重的是其丰富的应用场景。比如中信银行行长提到的，百度旗下齐家网（建材家居行业垂直电商），就是一类可应用的场景。支付宝公司利用电商、支付场景，为货币基金导入流量，是经典案例。

（3）必须是新拓展的客户群体，而不是分流母银行客户群体。客户定位要与母行有差异，导入非母客户群体。对于母行而言，这是一种将客户群体深度"下沉"的手段，是其原有业务的补充，是找新"蓝海"。按此逻辑，大行不宜推出类似"余额宝"的产品，因为这会分流它自己的存款。

征信与放款

目前国内的直销银行主要业务以卖金融产品（银行理财产品、货币市场基金）为主，此外还有账户管理、转账汇款支付等基础功能。但银行要靠资产业务盈利，最为典型的资产业务是贷款，总不能光卖金融产品（资金来源）而没有资产运用的。如果只会卖金融产品，那它称不上一个真正意义的银行，充其量是一个金融产品销售点。

资金运用方面，有两种选择：一是把资金批发出去（比如通过同业业务，或者购买其他金融机构的产品，或者干脆内部定价转让给总行）；二是放贷给海量的小客户。显然，后者收益率更高，但技术含量也高，是未来发展的方向，也是我们前文重点陈述的互联网金融。

放款是一门技术活，核心是风险定价。传统信贷业务，贷款的客户经理们辛勤地跑到客户那边去调研，收集资料数据，完成风险定价。显然，这种做法是不能实现"变动成本最小化"的。所以，跟其他互联网银行一样，利用大数据实现征信、授信是唯一选择。

最理想的情况是：在拥有海量客户的基础上，掌握了这些客户的大数据，分析得出其预期风险水平，由计算机模型自动算出一个预期损失率。然后在给这些人放款时，把这个预期损失率加到利率之上，那么就能实现风险覆盖，也就是完成了风险定价。所以，能不能算准这个预期损失率，是核心的核心。这又取决于：

（1）拥有多少有用的大数据（金矿）；

（2）会不会处理大数据，从而算出预期损失率（把金矿冶炼成金子的能力）。

我们尚不能评估百信银行的大数据处理能力。百度在国内搜索市场市占率达80%，旗下又有诸多网站和APP，介入多种O2O应用（地图、本地生活、旅行等），金融业务（百度财富、百度理财）也有初步积累，在大数据积累上绝对不可小觑。中信银行行长在报道中提到可为齐家网用户发放装修融资产品，便是设想之一。大数据金矿是有的，怎么从中挖出金子，就需要继续观察了。中信银行是一家对公业务占比极高的银行，零售业务并非其强项。百度是国内互联网巨头之一，但在BAT之中，其金融布局弱于阿里和腾讯。毫无疑问，两家都已把百信银行当成弯道超车的重拳。本书仅能论述直销银行的逻辑，至于能做出何种成绩，依然需要我们拭目以待。

3.5 互联网足够浩瀚，容得下太多银行

本章前文对互联网银行的情况进行了介绍。沿用互联网金融的逻辑，大数据金矿是放款的基础。本节尝试做一个很有意思的测算：现有的互联网大数据资源，能容纳多少银行业务？

数据是金融的边界

前文已提到，互联网金融是新生事物，但不是新在"互联网"上，而是新在"大数据"上。从前，也就是在大数据时代之前，有句戏言："在互联网上，没有人知道你是一只狗。"所以，没有人敢光凭互联网传递的信息便发放贷款。

根据我们的分析，互联网进入 Web 2.0、UCG 时代之后，用户通过参与各种互动活动（电商、聊天等），逐渐将数据积累于网络平台之上（虽然有些数据可伪造，但只要数据量足够大，最终还是能有可靠的准确度。所以"大"很关键）。而这些数据最终可用于征信，并基于征信结果，提供贷款服务。"数据—分析—征信—放款"，这其实是任何金融的原理。有多少数据，

就能做多少金融。数据是金融的边界，金融跳不出数据的范畴。先有数据，在数据的基础上评估这类贷款的预期损失率。再将这个预期损失率加在利率之上，就完成了风险定价。

银行放贷款，逻辑也一样，仔细调查申请贷款的企业，获取足够数据，最终用于判断企业的预期损失率。1995年招商银行首先在我国推出网上银行，汇款理财等功能齐全，但唯独不能网上贷款。因为，当时的招商银行掌握不了你的足够数据，他们的业务员还是得跟过来实地调查申请人，最终决定授信。换言之，互联网改变了银行服务，但无法改变贷款模式，因为网上没有大数据，做不了授信。这种局面终于在大数据时代得到变革。经过十多年积累，大数据慢慢变得充分了，终于，互联网放款业务横空出世。前文分析的互联网银行，逻辑也是如此。阿里巴巴拥有海量的电商交易、支付数据，可借以发展互联网金融，于是有了浙江网商银行；腾讯也拥有海量的社交、身份数据，也可借以发展互联网金融，于是有了深圳前海微众银行。

但是，欢呼之余，再次提醒，上文中那句关键的话：数据是金融的边界。互联网金融不可能万能，数据覆盖到哪，金融就能跟到哪。当然，企业也可以努力去拓展自己的数据，比如做一些O2O的事情，增加应用场景，让自己的数据更多（拓展边界）。

互联网足够浩瀚

明确了"数据是金融的边界"这一点后，就可顺理成章地推论出：不同类型的金融服务商，基于不同的大数据，提供服务。只当他们的数据重叠时，才会有直接冲突。而目前的情况是，传统银行、小贷公司、网商银行、微众银行等，都有自己的数据来源，重叠程度一时还不高，此时谈谁颠覆谁还真的太早。

银行面向的客户，仍然是以线下为主，大中小企业为主，虽然也在努力，但不会很快都迁徙至线上。当然它们会慢慢迁徙至网上，但银行也会跟随至网上。

事实上，商业竞争总是会有颠覆，但不是所有的相遇都会是颠覆。而有时，合作能够带来更多共赢。以网商银行为例。目前，该行将基于阿里系的数据开办金融。这数据有多少呢？2016年财年，阿里巴巴电商销售额约超过3万亿元。借用"贷款销售率（销售额/贷款额）"的经验数，即10。那么，这意味着3000亿元的信贷业务空间。

名词解释：贷款销售率，即一定时期内（如一年）企业销售额与银行贷款之间的比值，反映单位贷款能够实现多少销售额。我们使用证监会分类为批发零售类的上市公司（含A、B股）2013年的"销售收入"与"短期借款"科目之比（剔除数据不全者和异常值），得到三个结果：中位值为7倍，所有样本总和再求值为10倍，各公司求值再平均为13.5倍。此外，我们从银行从业人员处了解的经验值为5~8倍。我们暂时使用10倍的值。如果贷款销售率低于10倍，则信贷业务空间将更高一些。

浙江网商银行的注册资本是40亿元，上市银行"贷款/股东权益"比例约为7，假设互联网银行资产结构单一些，"贷款/股东权益"比例达到10，那么浙江网商银行的信贷量约400亿元（2016年底已达329亿元）。而这仅仅是3000亿元信贷空间的1/10强……如果视野再开阔些，2015年全国电商交易总额已达到18万亿元，仍按10的贷款销售率估计，信贷空间达1.8万亿元。所以，借鉴一句外交名言来说：互联网足够浩瀚，容得下太多银行。

最优的选择

前文估测，阿里巴巴电商体系有3000亿元信贷空间，浙江网商银行吃掉

400 亿元，那么剩下的 2600 亿空间怎么办（当然，这只是一种非常粗略的分析）？

　　阿里系有两个选择：①牢牢把持着这个空间，待网商银行一点点长大（追加资本），最终把这整个 2600 亿元吃下，甚至将来还会去抢银行的现有业务，这就是所谓的颠覆；②放开平台，让其他银行也进来，大家分享这 2600 亿元空间，这就是所谓的合作。而精明商人的选择，是在遵从法律与道义的基础上，实现利益最大化。是去颠覆还是去合作，就看哪个能带来更大利益。很显然，毫无疑问，第二种选择才是利益最大化的。

　　整个阿里巴巴商业帝国的逻辑，是动用一切可能的创新手段，去促进电商交易额。2013 年淘宝成立，此后的种种创新，支付宝、保险、余额宝等，最终都是为了便利用户交易、增加交易额，从而增加客户黏性和成交。同样，阿里巴巴开办贷款（由蚂蚁微贷、网商银行提供），也是为了提升交易额。前文估算 3000 亿元的信贷空间，只是一个静态的估计。如果阿里巴巴将平台开放给所有银行，将征信结果按某种方式提供给其他银行，让银行们来平台上给用户（包括买家、卖家）放款，有可能将销售额大幅提升。最终从这个销售额中获利的，必然是阿里巴巴自身。

　　这和"券商提供两融服务，让证券市场成交额翻倍，从而自身赚取更多佣金"是一个道理。事实上，很多互联网平台确实也已经在和银行合作，开办此类业务。将银行引至电商平台，不是引狼入室，而是借力给自己的电商"加杠杆"（自己力量有限），快速增加销售额，最终受益的是阿里本身。所以，未来，我们将会看到互联网银行、传统银行共享电子商务带来的商机，因为这是一片浩瀚的蓝海。

【本章小结】

传统上，银行是我国金融服务业的绝对主力，但也存在部分问题，无法满足全部需求。互联网金融兴起之初，有意无意被放到银行业的对立面，强烈地衬托了银行在某些领域的服务无力。但是，从过去20年的历程来看，银行本身也是积极引进、应用新的互联网技术、信息技术，从未缺席技术变革的盛宴，经历电子银行时代（约20世纪70年代开始）、网上银行时代（约20世纪90年代开始），最终也进入了互联网银行时代（约2010年之后）。从本质上讲，银行以存贷款业务为基石，其实质是通过信息生产、承担流动性风险、承担信用风险来获取回报，在可预见未来内，这些职能还不会完全消失，新的技术也是服务于这些职能，因此银行一时不用担心消亡。

银行参与互联网金融的方法，也遵循前述的逻辑。比如，最初级的业务，可能是为互联网金融企业提供同业资金，但这一阶段还不算深入介入互联网金融。进一步，银行也按照"场景—大数据—金融"的逻辑链，将服务延伸至传统客群之外。比如，部分银行已经自建电子商务平台，自行积累大数据，或者向其他外部数据源（比如互联网企业）寻求合作，借助它们的大数据开展业务。此外，直销银行也陆续兴起。直销银行目前暂无精准定义，一般把不依靠物理网点的银行业务归入此，包括纯互联网银行（目前我国有三家），也包括传统银行的直销银行业务（通过部门、事业部或子银行开展）。他们为传统客户之外的客群提供相应的银行服务。

而且，互联网上浩瀚的大数据，也为互联网银行业务提供了广阔的空间。

每年的电商交易规模就达到数万亿元，此外还有社交、分享等其他互联网活动，大数据金矿比大家想象的要丰富，尚未充分挖掘。随着大数据技术进步，也随着越来越多的银行、互联网企业进入，将有越来越多金矿被挖掘出来，用于造福相应的客群。

4 监管的原理

监管，是金融业永恒的主题，互联网金融也不例外。起初，我国为互联网金融提供了一个相对宽松的环境，允许一定程度的"监而不管"，鼓励新事物的创新与发展。在取得成绩的同时，风险随之而来，恶性事件时有发生，急需治理。最终，监管及时归位，互联网金融由乱而治。

4.1 节阐述了金融监管的背景，这对于金融业是不可或缺的。4.2 节分析了我国对互联网金融的整体监管框架。4.3～4.5 节，则深入业务层面，分别以 P2P、股市配资、交易场所这几种争议较大的业务为例，具体说明监管的意义。

4.1 猫和老鼠：永不停转的金融创新螺旋

猫（监管）和老鼠（创新，在我国主要表现为规避监管的创新）的游戏永无止境。2015 年，被称为互联网金融治理大年，此后监管态势一直保持高压。而此前的 2013 年或 2014 年，则被称为互联网金融元年。这种涝旱急转使大家非常意外。但只要大家还留在金融圈，马上就会让诸位看到下一个类似的事。因为，这是个规律，就是"金融创新螺旋"。

金融创新螺旋

金融创新理论，近年大家提得少了，而在过去，比如在早年教科书上，曾经是非常热门的词。金融也是门生意，它和所有其他的生意一样，为了追求更高利润，会有各种创新行为。原因很多，比如：提高交易效率（可能的动因是技术进步，比如信息技术）、降低交易成本、寻找新的交易机会、乃至就是规避监管（对微观主体而言，监管是增加成本或限制业务的，所以规避监管本质上还是降低交易成本）。现实中，金融创新可能源自上述其中一条原因，也可能是多条原因共同作用的结果。

一般来说，金融机构（比如银行等）先为客户量身定制个性化金融服务，满足其特殊的金融服务需求，这就会形成金融创新。然后，有些创新金融产品，受到了市场欢迎，也征得了监管认可，随着信息不对称程度下降，最终它们被制成更为标准化的做法，普及于金融业内，甚至成为标准化合约放到交易所交易。而金融机构又会继续为客户定制产品，开始下一次轮回。这就是金融创新螺旋。

举个例子：交易双方签订了远期合同，这是定制化金融服务，交易标的是什么、价格多少，都由双方自行确定，比如约定 5 天后交割一条金鱼，价格 1 元。后来，金鱼期货合约被拿到交易所上市了，它是标准化的（每张合约约定交易物及其品质、价格、时间等），这就成了标准化合约。

这个"金融创新螺旋"理论的提出者是著名的金融学教授罗伯特·莫顿（Robert C. Merton）。他还用一个例子来说明：从前，大家去厂商那里买调谐器、放大器、均衡器、音箱等零件，自己组装出一个音响系统，这可自由定制。后来，随着零件越来越多样复杂，厂商开始按通行的标准组装成成品，直接销售。如果明白了这一点，就会知道，金融业的折腾永无止境。然后，我们来看看我国的实践。

猫和老鼠：金融创新

在我国，金融创新的动机，也同样包括规避监管、寻找新业务、技术进步等，但最为主要的，则是规避监管。原因也很简单，我国的金融体系依然处于市场化进程中，监管强度较大，金融压抑程度不轻，微观主体（包括金融机构和金融交易的双方）都有很大动机去规避监管。所以，"哪里有管制，哪里就有反抗"，这句话描述了我们的金融创新。

这种创新往往反映的是过严的监管已与金融业实际需求不符（很多金融需求得不到满足），所以，有些金融创新最终会得到高层认可，给予"名分"，但同时纳入监管体系，业务开展方式也要规范化。这样，原先的创新成为名正言顺的机构或业务，完成了一次轮回。监管层是猫，但在这里，猫不吃老鼠，而是把老鼠关到笼子（监管体系）里。这就是我国特色的"金融创新螺旋"，或称"金融监管螺旋"，猫和老鼠的游戏。

我们用几个令大家印象深刻的例子来说明。一是民间金融，二是互联网金融，三是证券信托账户。

1. 民间金融

民间金融（最为典型的就是民间借贷），广泛存在于国内外。因为传统金融机构无法覆盖所有人群，所以有些民众的融资需求就以这种方式解决。这是对现有金融体系的突破，所以也是金融创新（虽然这事一点都不新）。此前，监管当局对民间借贷高度压制（在 20 世纪 80 年代有过一段时期放松），但这明显不是办法，因为确实有民间的合理融资需求得不到满足，这是事实。所以，2008 年，央行允许开设小额贷款公司，民间借贷阳光化，成为持牌公司，统一纳入监管。后来又有民间借贷登记中心等方式，使不通过小贷公司办理的民间借贷也尽可能阳光化。当然，这种阳光化不可能 100%覆盖全民，因此，后续还会有进一步创新被发明出来。

2. 互联网金融

互联网金融的监管轮回简直是小贷公司的翻版，或说"互联网＋"版。现有的一些互联网金融机构，一开始是以金融信息服务业的身份进入市场的，通俗讲，就是为现有金融机构和业务提供信息系统和其他解决方案，并不是直接做"钱"的生意。但是，慢慢地，他们发现做钱的生意更赚钱，于是也纷纷介入。这就好比，有片金矿中，有负责淘金的人，也有为淘金者提供锄头的人。但后者发现有些淘金人挖到金子，也心动了，想自己拿着锄头也去淘金。

必须承认，这种行为有其合理性。因为，卖锄头的人也加入淘金，并且有些还真淘到金子了，说到底，这还是因为淘金人的工作有遗漏。有些地方淘金人未覆盖，有空白区域，而卖锄头的人找到了。言下之意是，传统金融机构，确实未能充分满足客户的需求，这一点成因和民间借贷完全一样。很简单的例子，就是余额宝所提供的功能，原先银行或基金公司在卖货币市场基金时提供了吗？

但，因为金融业风险外溢性的原因，淘金行为都是要申请牌照，并在监管下开展的，不能无牌经营。所以现状就是：传统金融有服务不到位之处，而新的互联网金融则无牌经营，野蛮生长。这种生长，本质上也是一种金融创新，有其合理性（满足了需求），但任其发展会风险失控。合理的做法是，监管层将无牌经营的互联网金融纳入监管，合格的参与者可给予牌照，产品与服务实现标准化（以后你就是淘金者了，不是卖锄头的了），不合格的就取缔（这可能是大多数）。而传统金融机构，也要吸取教训，多为客户着想，多寻找空白的业务领域。这也是目前互联网金融的监管方向。

3. 证券投资信托账户

2015 年火热的配资清理，主角是"证券投资信托账户"及其子账户，这也是规避监管的产物。2009 年，IPO 重启，但规则修改，规定了每股票账户申购新股的上限，这导致大额的打新资金需要找很多账户。于是，他们找信托公司开了很多信托账户，规避了上述监管。对此，中证登暂停了信托户开户，这一度影响了证券信托的其他正常业务。作为应对，信托账户的二级子账户横空出世，并且能够用子账户为客户解决多样化的需求（比如配资），所以受到欢迎，流行开来。这种信托子账户虽然是实名的，但毕竟是二级账户，监管起来有一定难度，所以监管层还是不太认可。所以，后期提出清理整顿，希望一切账户和交易行为回归到券商和中登体系内，回归到一种相对标准化的做法中。但客户毕竟是有多种多样的定制化需求的（比如配资）。可能的做法，一方面是在券商体系内实现定制化服务（比如融资融券都是过于标准化的产品，无法满足客户多元化需求）。另一方面，信托这边如果继续承做，也要严格纳入监管和统计体系。

永无止境的螺旋

可以把我国的"金融创新螺旋"想象成了一个打鼹鼠游戏。鼹鼠就是林林总总的金融创新（在我国，主要是规避监管的创新）。监管者拿着笼子，对有价值的鼹鼠（确实满足了合理金融需求的创新）进行抓捕，将其纳入监管（其实，养在笼子更能发展壮大，宠物的寿命都比野外的同类要长很多）。实在太恶劣的鼹鼠，则直接消灭（无法达到牌照标准的，则取缔）。另外，监管人也不会抓完所有鼹鼠，一是，鼹鼠太多根本不可能抓完；二是，纵容一定的鼹鼠活动，是为创新留下适度空间，也是为了满足民间金融需求，保持经济活力。毕竟，没有一个国家敢声称自己的正规金融体系能够满足所有人群的需求，非正规金融永远存在，不管你接受不接受。

但是，对这个"适度"的把握是门艺术，很难掂量。从各国经验来看，这个"打鼹鼠"的力度，仿佛一条正弦函数曲线，围绕着所谓的"适度"水平上下波动，但谁也不知道什么样的水平是适度水平（见图 4 - 1）。

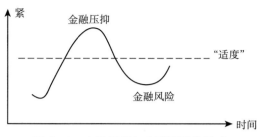

图 4 - 1　金融压抑与金融风险的波动

在金融风险抬头时，监管人收紧这个度，加快监管推进（纳入一批，取缔一批），以控制风险，保持稳定。而或许，过了一段时期，又会发现过紧的监管又导致了金融压抑，很多金融服务需求得不到满足，影响了经济，监管人又会适度放开，允许创新空间。但明确的是，我国今天的现状，是在收紧的过程中。我们前几年刚刚经历了股灾、汇率波动，银行业积累的不良资产还在处置，地方债问题还在解决过程中，市场波动和信用风险都有加大趋势，所以监管层在这样的时刻，出于金融安全考虑，选择了监管从紧，这是总的基调。当然，我们也不用担心这是个永恒的状态。如果几年之后，若金融压抑的效果又显现，监管又会放松。当然，届时的放松，并不是指让老的规避监管的行为可以重演，而是允许新的创新的试探。这就是永无止境的螺旋。

4.2 监管开启：立法革新与群雄归位

互联网金融监管意见出台

2015 年 7 月 18 日，多个部委联合发布了《关于促进互联网金融健康发展的指导意见》（下文简称《意见》）。经过几年的自由生长后，互联网金融行业正式迎来了第一份纲领性文件。其后，监管与整治逐步深入，后续还出台了多份文件，行业乱象有所收敛。但是，该《意见》仍然是最为重要的行业文件。

理解《意见》内容

《意见》略长，可清晰地分为三大部分：

1. 阐明政府的监管取向，即鼓励创新、支持发展

这一部分其实是对政府各部门提的要求。意思是，为了支持各业态健康成长，监管者要做好这些事，才是个合格的"妈"。具体有 6 条。前 2 条是

阐明监管取向（是支持），第 3~5 条是真金白银的实惠，第 6 条是一个国家金融体系的基础设施建设，基础设施完善了，会降低大家的业务成本、信用成本，所以最终也是实惠（见表 4-1）。

表 4-1　　　　　　　　互联网金融《意见》的主要监管取向

要点	解读	备注
鼓励创新	阐明监管取向	鼓励金融机构、互联网企业、电商企业从事互联网金融
鼓励合作	阐明监管取向	鼓励各类机构间合作
支持融资	真金白银的实惠	
简政放权	真金白银的实惠	
税收优惠	真金白银的实惠	
信用体系建设	国家金融基建	基建好了，接入征信，降低业务成本，所以也是实惠

这 6 条，条条像蜜糖一样说到我们的心坎上。这些任务达成后，互联网金融行业不但获得高层支持，还获得真金白银的实惠。而传统金融机构也将继续介入互联网业务，或者与互联网企业展开合作。所以，这一部分，可以总结为"你亲妈疼你"。

2. 分类监管，各抱各娃

这一部分，首先明确了"互联网金融本质仍属于金融"及其监管的必然性，然后划分监管部门。《意见》将互联网金融现有实践中最典型的六大领域纳入监管（见图 4-2）。

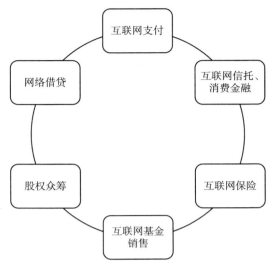

图 4 – 2　互联网金融的六大领域

具体归口监管部门参见表 4 – 2。

表 4 – 2　　　　　　　　　各类互联网金融的对口监管部门

类别	监管部门	要求	备注
互联网支付	央行	定位"小额、快捷、便民小微支付"	支付清算是一个国家金融体系的基础设施，一直是央行主管
网络借贷（P2P 和网络小贷）	银保监会	P2P 定位为中介，不得介入信用	按各业态划归监管
股权众筹	证监会	坚持小微融资，是多层次资本市场的一部分	
互联网基金销售	证监会	强调信息披露	
互联网保险	银保监会		
互联网信托和消费金融	银保监会		

这一部分基本符合预期，基本上是按各业态属性，划归至对应监管部门。对各业态的业务范围上，也提了一些初步意见。比如互联网支付应坚持"小额、快捷、便民小微支付"，再如 P2P 要明确"信息中介性质"（不得充当信用中介），这些要求大多在预期之中。更详细的监管细则，将由各监管部门分别起草公布，然后，预计后期便会开始实施牌照制。这一部分，可以总结为"快各自找到亲妈"，而且必须有"妈"管。

3. 底线！规范发展的几项原则性要求

具体要求有 8 点，见表 4 - 3。

表 4 - 3　　　　　　　　互联网金融规范发展的原则性要求

序号	项目	要点	备注
1	互联网行业管理	除金融监管外，工信部管好电信业务，网信办管好信息内容业务	监管部门有点多
2	资金第三方存管	由银行存管	保障资金安全，防止卷款潜逃，金融业的本质要求
3	信披、风险提示和合格投资者		金融业的本质要求
4	消费者保护		任何行业的本质要求
5	网络与信息安全		互联网业的本质要求
6	反洗钱与防范金融犯罪	落实实名制等	金融业的本质要求
7	行业自律		各行业的通行做法
8	监管调协与数据统计		配合监管和调控

其实很多都是老生常谈的要求。比如第 2、3、4、6 点是金融业的本质要求，不用解释。第 1、5 点是互联网行业的本质要求。第 7 点是行业自律，各行业的通行做法。第 8 点强调监管协调，另外统计数据也是为了监管和调控。

因此，整体而言，诸项要求并不苛刻，基本上是行业的本质要求（即基本要求、起码要求，也就是底线），是金融业、互联网业理应做到的。做不到就是"不乖"，就是犯事，当妈的也要揍你。

所以，这三大部分，最后可以总结为：

你亲妈疼你；

快各自找到亲妈；

不许触犯底线。

把握《意见》立法精神

众所周知，在监管实践上，一直有"白名单"还是"黑名单"的说法。"白名单"的做法，是指只有条文上允许的事，才能做。而"黑名单"制，则是法不禁即可为。在一般观念中，后者"黑名单"更有利于创新。但是，此次《意见》却有"黑名单"的意味，给创新留足空间，这令人欣喜。《意见》的第二部分中，有一点"白名单"的意味，比如将互联网支付业务范围定位为小额等。但第三部分则是明明白白的黑名单，并且这些黑名单并不苛刻，是金融业、互联网业的本质要求。

愿意执行"黑名单"的人，都是乖孩子，他们会真心喜悦。而那些本身就打算突破这些黑名单，挂着"互联网金融"的羊头在卖狗肉的人，则是打击对象。如果监管落实，那些达不到上述要求的会被取缔，而剩下的都是符合要求的正式选手，允许大胆创新。对于整个行业而言，是回归秩序，那种阿猫阿狗扯一面大旗就能宣称自己进军互联网金融然后开始圈钱的时代，已经一去不复返了。

最后，我们总结出，"鼓励创新"的监管立法精神，应该有两个特点：

（1）"黑名单"与"白名单"相结合，鼓励创新，但也要在现行金融监管制度框架之内；

（2）监管是"守夜人"，日常监管工作是"监而不管"，监管当局随时盯梢，遇事则及时干预。

行业走向

《意见》出台，互联网金融行业将由乱而治，群魔乱舞的时代结束，行业格局趋于理性、定型。而市场最关心的必然是监管后行业如何走向。在开始胡乱指点江山前，我们要先冷静地看看现有经验。其实，互联网支付这一业态，早在2010年，央行便实施监管，执行牌照管理。这一点可以作为一个互联网金融"由乱而治"的现有样本，用以参考。

央行于2010年6月正式公布了《非金融机构支付服务管理办法》，要求从业机构申领《支付业务许可证》。2011年5月，首批27家企业获得牌照，支付宝、财付通等公司喜难自禁地在网上展示他们领到的许可证。

但互联网支付纳入监管后的几年内，有两个情况引起我们注意：

（1）互联网业务监管的难度超乎想象。起初，央行支付牌照发放较为宽松，支付行业并未实现"由乱而治"，反而继续乱象丛生，央行后来不得不暂缓牌照发放。第一批27家公司都是龙头企业，信誉较好，而后面每年发放数十张牌照，开始出现大量名不见经传的公司。随之，POS收单的套码、网上支付违规代扣等乱象屡禁不止，甚至出现了公然伪造牌照的奇事。试想，支付牌照最多时达到270张，分布于大江南北，业务都在网络上运营，违规手段隐匿，央行凭支付结算司和全国30多个中心支行，想管好这么一大摊事，只能是疲于奔命。后来，监管力量和技术继续加强，牌照总量则有所收缩。

（2）行业准入门槛提升，但现有行业格局变化不大，龙头强者恒强。纳入监管后，就有了门槛和牌照。达不到门槛的参与者被取缔，市场从原来的"完全竞争市场"向"卡特尔组织"靠近。但剩余企业构成的卡特尔内，格局变化不会太大。比如，根据艾瑞的统计，2014年互联网支付行业中，支付宝占据半壁江山，财付通、银联商务、快钱等也占据较大市场份额，其他的参与者份额极小。这一局面，不管是监管前还是监管后，变化不大，预计未来也不会有大的变化。

这是因为，互联网业务运营有其自然规律。监管能做的只是取缔不合格的参与者，监督剩余参与者合法合规开展业务，而市场格局的形成更多仍是基于互联网业务的自有规律。规律很多，说来话长，这里仅提炼两点。

我们把互联网金融业务大致划分为两大类：

（1）放款类，其最大规律，是数据决定征信。根据金融业务风险定价的原理，线上放款和任何放款一样，都需要数据用来对借款人征信。网络小贷和P2P，基于自身所掌握的数据来实施放款，而在数据边界之外，它们什么都不是。所以，这一行业格局，基本上就是数据的行业格局，不会有大的变化。原先掌握着大数据的互联网公司，比如阿里巴巴、腾讯等，依然能够坐稳江山。

（2）非放款类的其他服务，其最大的规律，是集聚效应。互联网打破物理边界，集聚效应比线下活动更为明显，所以会出现超大型的电商中心，比如淘宝。如无外力，行业龙头的地位会越来越强。其他参与者只能在细分领域内存活，或者被龙头兼并。

所以，监管整顿了市场，但我们认为，最终决定市场格局的，仍然是市场以及金融业、互联网业的一些固有规律。

永无止境的"创新—监管"螺旋

此次《意见》将最典型的 6 种业态纳入监管，那未来若有新业态出现，怎么办？是不是就不能做了？

前文已述，创新与监管永远是猫捉老鼠的游戏。创新（技术创新除外），一般反映了市场需求对现有体制的突破，突破过程中满足了一些市场需求，当然也会有风险。除非是做坏事，否则这种突破会逐渐得到监管认可，然后纳入监管，得到名分，控制风险，成为官方认可的正式做法。此时，市场的力量再去寻找新的突破点，继续上述的轮回。从这个模式上讲，监管总是滞后的，但它必须是滞后的，否则就管死了。这便是永无止境的"创新—监管"螺旋。一个故事的终结，下一个故事已在酝酿。

4.3 读懂 P2P 及其监管

P2P 是互联网金融中最受关注的细分领域之一。2016 年 8 月，市场期盼已久的 P2P 监管文件《网络借贷信息中介机构业务活动管理暂行办法》正式发布。政府从 2015 年 7 月开始着手互联网金融监管工作，时有一年多，才出来这个，可见难度之大。

近年来，所谓的 P2P 跑路、被查事件层出不穷，且金额极其巨大的恶性事件时有发生。比如，2015 年 12 月，e 租宝被警方调查，涉案金额达到 700 多亿元，令人咋舌。而后，又陆续有大大集团、金鹿财行等各种名目的所谓互联网金融公司事发，造成恶劣的行业影响。而其他金额较小的小型 P2P 平台跑路事件，更是数不胜数。我之所以加上"所谓的"三字，是因为大多涉案机构根本就不是 P2P，也不是互联网金融，而是纯粹的诈骗。因为，结合金融学原理来看，一家真正的 P2P 是不需要跑路的，也是不会被挤兑的，会跑路、会被挤兑的只能是银行。但是，在监管缺位的情况下，P2P 要么一开始就是诈骗，要么就是有意无意地趋于"银行化"，最后陷入跑路、挤兑的结局。所以，除了严惩诈骗犯之外，如何完善顶层设计，使行业回归良性发展之路，也是当务之急。

P2P 本来的面目

P2P 的定义，《网络借贷信息中介机构业务活动管理暂行办法》中已给出，为："本办法所称网络借贷是指个体和个体之间通过互联网平台实现的直接借贷。个体包含自然人、法人及其他组织。网络借贷信息中介机构是指依法设立，专门从事网络借贷信息中介业务活动的金融信息中介企业。该类机构以互联网为主要渠道，为借款人与出借人（即贷款人）实现直接借贷提供信息搜集、信息公布、资信评估、信息交互、借贷撮合等服务。"

换言之，P2P 平台就是介绍人，通过提供平台和服务，介绍借款人与出借人（即贷款人）之间完成借贷。注意，它只是介绍人，它不是借款人或出借人的其中一方，也就是不参与债权债务关系。借款的风险与收益，由出借人自行承担，P2P 平台不承担风险（但可引入第三方担保或保险公司）。这个定义似乎是非常明确的。而且，P2P 从诞生之初就理应如此，是一种直接金融，和证券公司证券承销业务类似。但能够发行证券的毕竟是极少数，P2P 平台则能够为很多达不到正规金融机构服务门槛的群体，提供适当的融资服务，这是其积极意义。可是，后来为什么被玩坏了呢？这要从金融原理说起。

P2P 是如何被玩坏的？

互联网金融也是金融，金融就是资金的融通，金融企业（包括互联网金融企业）提供的都是协助资金融通的专业服务，也就是金融服务业。这是我们一再强调的逻辑或原理。

正如上面所说，P2P 平台介绍借款人与出借人，只收取服务费。也就是说，做各种服务，收点服务费，其实很辛苦，是典型的直接金融。但是，还存在一种金融模式，是间接金融。最典型的就是银行，银行作为另外一种类型的中介，它是要参与到债权债务关系中去的。比如，存款人与银行形成债权债务关系，银行再借钱给企业。银行面对存款人是债务人，面对企业是债权人。这里有两层债务债权关系。

然后，所有人都发现了，银行可以赚很多钱！银行赚取的是利差，很丰厚，远比直接金融的服务费要丰厚。直接金融的服务费只能按一个很低的比例收取。人性天然逐利，如果一群人不受约束，那么他们必然希望从事更盈利的生意。所以，很多 P2P 平台后来都想办成银行。然后，他们中的很多，还真的把 P2P 平台办成银行了。再然后，就有了后来的种种 P2P 案件开始上演。这里，就需要解释银行为何能有高回报，以及为什么 P2P 一学银行就学坏。

如何看待银行的高回报？

银行赚取利差，不是天上掉下来的，是有其金融学原理的。一般，我们认为，利差的来源有三部分：

（1）各种服务工作，比如，寻找借款人、审查借款人、监督借款人的资金使用等，以及其他日常服务。银行为存贷款客户做了这些事，所以收取回报。这一项内容，和 P2P——我是指正规的 P2P——类似，都是服务费，理论上不会太多，而且拼的是体力和效率，也会有个上限，因为人的劳动总量终归是有限的。

（2）信用风险的承担。银行将存款资金用于投放贷款，若贷款发生损失（信用风险），则由银行承担，银行仍然向存款人负有全额本息的责任。因此，银行利差收入中有一部分是对其信用风险的补偿。而且，银行没有义务向存款人披露详尽的违约贷款信息（仅按要求披露不良贷款率等整体信息），贷款债务信息有一定私密性。

（3）流动性风险的承担。银行汇集了众多存款人的资金，形成"资金池"，不同的存款人有取有存，但最终资金池余额相对稳定，可将其用于放款。这样，银行通过"资金池"实现了流动性管理，使每个人存款人可自由存取资金。当然，若所有存款人同时来提取现金，银行就会面临"挤兑"问题，由于此时银行所投放的贷款不可能马上收回，所以银行也不可能偿付所有存款。事实上，银行替存款人承担了流动性风险，因此需获得流动性风险补偿，是利差收入的一部分。

所以，银行不但提供服务，还承担两种风险，因此获取较高回报。

因此管理这两种风险的方式，就是"资金池"。银行把所有的负债来源（不同客户的存款）放在一起使用，所有放贷款的钱都从这里取（某笔贷款和某笔存款间没有一一匹配关系）。所以一旦有借款人还不了钱，那么只要所有贷款的整体回报还能覆盖损失，那么就不会对存款人违约。或者，众多存款人有存有取，终归会沉淀一笔稳定的资金，可以应对流动性风险。所以，银行是天然的资金池，资金池也是应付信用风险、流动性风险的工具。

而直接金融赚取的不是利差，只是服务费，因此，一般来说，直接金融的收费比例是会低于间接金融的利差的（特别专业、特别稀缺的服务除外）。这种差异是间接融资的业务逻辑不同所导致，不能简单理解为谁比谁更容易赚钱。

为何资金池天然需要监管？

间接金融收益更高，但这是用承担风险换来的。一个理性的人，在斟酌了收益—风险后，未必会倾向于从事间接融资。但是，如果此人未认识到间接融资本质上的高风险，或者其高风险有外部性（即由社会承担，而收益则由其独享），那么，他就有强大的动机去从事间接融资（银行化倾向），而在从事间接融资之后，又通过加大杠杆或期限错配（主动提高流动性风险）、加大高风险贷款投放（主动提高信用风险）等方式，以更高风险，博取更高收益（高风险化倾向）。简言之，承担风险越高，其风险回报就越丰厚。

具体到银行业务上，比如，存款利率是稳定的，而放贷款时，则是风险越高的客户，收益越高，银行赚取越高的利差回报（前提是坏账可控）。再如，银行要管理流动性风险，就要留下足够流动性，以应付存款人的日常提现，这当然是牺牲了收益的。但是，有些银行为了多赚钱，会加大业务扩张。换言之，承担更多流动性风险，赚更多钱。总之，资金池模式下，承担风险越高，其风险回报就越丰厚。这问题就来了，自银行诞生以来，总有一些银行，为了赚更多钱，去冒更多险……然后就玩坏掉了。

而银行倒闭的后果，和普通企业可不一样。银行发行的存款，是一个社会的货币，它倒闭，意味着这些货币瞬间作废，这不是一个正常的现代经济体所能承受的。尤其是大型银行，甚至可能导致社会动荡。所以，不能让这种事情发生，银行资金池是一种天然就需要外力监管的行业，不能放任。不让他们放太多高风险的贷款，对不良率、贷款分散度等设置要求，强制他们留存一定的存款资金，同时还约束资本充足率（也就是控制资产运用总量），种种措施，就是防止他们过度冒险，只赚取合理的风险回报。这就是央行、银监等监管机构设立的初衷。

为何无监管的 P2P 必然学坏？

然而，P2P 平台在无监管的情况下，事情是这样发展的：

因为间接金融除赚取服务费外，还能赚取信用风险、流动性风险的回报，所以表面上盈利更丰厚。所以，很多原本老老实实做直接金融的 P2P 开始垂涎，将投资人资金汇集成"资金池"，然后平台方将其用于放款，也来赚利差。这就是无监管的 P2P 必然会"银行化"。然后，为赚取更多回报，就要承担更多风险，包括扩大杠杆或错配来赚取流动性风险，或者故意提高放款的风险水平。这就是无监管 P2P 必然会"冒险化"。最后，终归会出现坏账无法收回，无法偿付"存款人"本息的局面。这时候，唯一的选择，就是用更高收益率，去吸引更多投资人，用他们的钱还前面的钱……没错，这就是旁氏骗局。这也就是为什么，很多 P2P 跑路前，都会用奇高的收益率吸引投资人。

因此，若无监管，P2P 会沿着"银行化"—"冒险化"—"旁氏化"发展，而唯一能阻止这一趋势的，只有平台老板自己对自己欲望的控制……这就是无监管的间接金融容易走上的"毁灭三步曲"。

监管来结束这三步曲

所以，监管取向一直是明确的，就是回归纯中介模式，不得从事间接金融（真想从事间接金融的，请去监管部门申请银行牌照）。此前，P2P 长期处于监管地位不明的状态，此次监管细则出台，后续就看落实了。

（1）设立行业准入制度，实施牌照管理。从事互联网金融业务，必须明确所从事的业态，并申请相应牌照，比如 P2P 牌照、互联网银行牌照。而后，要严格按照该业态所规定的业务规则开展业务，不允许出现"挂羊头卖狗肉"之事。为鼓励创新，牌照的发放可以较为宽松，业务规则则以负面清单为主，不得触犯。

（2）加深日常监管，防范业务异化。以 P2P 为例，需严格落实一系列监管规定，防范银行化倾向，杜绝"资金池"，并强化资金托管、信息披露等监管措施。同时，设定适度的业务边界，严格合适投资者准入条件。适度设定监管指标，也可设定业务的利率上限，因为超高风险业务不适合采用 P2P 模式。针对互联网金融机构众多、分布零散等特点，监管成本较大，实现全方面即时监控不具有可操作性，可以采取抽查方式，并对问题企业加大惩处力度，要求整改。而对于打着互联网金融幌子行骗之事，则需加大打压力度，绝不手软。

（3）加强投资者教育，加强金融知识普及，提升防范意识与能力。尤其针对居民金融知识较为薄弱的农村等地区，更为紧迫。可动员城乡金融机构参与，普及金融知识。

4.4　股市配资公司真相

2014 年下半年开始，我国 A 股市场开始快速上涨，并在 2015 年后发展成为一波汹涌的"大牛市"，一时间鸡犬升天。而到了 2015 年 6 月，大势却急剧扭转，股疯成了股灾。而一种为股票投资者提供配资服务的行为，在这期间被推到风口浪尖。这种配资业务本身也不是新生事物，但原本不为众人熟知，却在这轮狂跌后突然成为众矢之的。

配资公司业务细节

配资公司是一种资金中介，其业务本质，是从银行等金融机构处，以相对低的利率借入资金，然后以更高利率借给投资人炒股（见图 4－3）。

图 4－3　配资公司的本质是资金中介

我们用一个典型的虚拟例子介绍配资公司的业务流程。一开始有两步工作，用来准备账户：

（1）配资公司拿自有资金 1 亿元，以 1∶3 杠杆，向银行等金融机构融入 3 亿元，开立一个总额 4 亿元的股票账户（称母账户，可从券商处拿伞形账户，也可自行发行单一结构化信托），见图 4－4。

图 4－4　配资公司以 1∶3 杠杆配资

（2）借助 HOMS 等软件的分仓功能，将该母账户拆分为若干个二级子账户，给若干个客户配资交易之用（见图 4－5）。

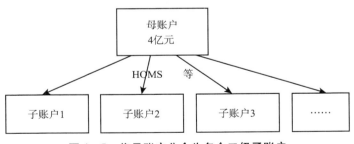

图 4－5　将母账户分仓为多个二级子账户

现在配资公司开始招揽配资客户。每个客户拿出自己的本金，找配资公司配资，配资公司会分给他一个子账户。为简便起见，我们假设招揽了 10 个客户，每个客户拿出本金 1000 万元，以 1∶3 杠杆，所以每个子账户市值理应 4000 万元。

注意，上述母账户开立后，不能随便增减资金。因此，客户提交的 1000 万元本金，并不是打入这个母账户，而是直接支付给配资公司（或其指定的他人账户）。因此，配资公司招揽了 10 个客户后，收到 10 个客户的本金共 1 亿元（每个客户本金 1000 万元）。然后向 10 个子账户中各划入 4000 万元，交给客户使用（见图 4 – 6）。

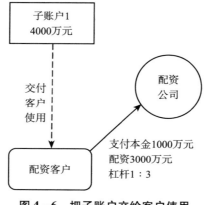

图 4 – 6 把子账户交给客户使用

换言之，配资公司最开始出资的 1 亿元，其实是帮未来的客户垫资。待 10 个客户招揽来了后，它从客户那里收回 1 亿元（有时候，招揽客户不足，有可能收回不足 1 亿元，比如只收回 8000 万元）。然后，它可以拿着这 1 亿元（或 8000 万元），再去开第二个 4 亿元的母账户（又从银行融出 3 亿元），招揽客户配资后又腾出 1 亿元，继续去开第三个母账户……

理论上，只要股票在涨，配资公司可开立无数个母账户，每次从银行融出 3 亿元，最后融出巨资，比如 30 亿元（10 个母账户），那么配资公司自身的杠杆已不是 1 : 3，而是 1 : 30！

利差收入与周转率

配资公司的收入，来自两头利差。从银行融资，利率在7%左右（2015年左右，银行一般是拿理财产品资金对接，加上通道成本后在8%左右）。而给客户配资，利率在月息一分利以上，年化12%以上，普遍是18%，高者甚至达到20%。因此，每个母账户3亿元的融资，利差以最低的10%计（即8%~18%），那么利差收入3000万元。注意，由于配资公司收回了1亿元，再去做一笔同样金额的同样生意，那么又赚一笔3000万元……周转次数越多，盈利空间大得惊人，做满10笔，大赚3亿元！而本金是1亿元，年化收益率为300%。

大家或许对这个业务模式似曾相识。对的，其实银行也是这个业务模式，用一次次资金周转来赚利差（金融学的原理是相通的，哪怕在高大上的银行和草根出身的配资公司之间）。但是，银行有资本充足率的监管限制，资产扩张受到限制，因此将整体风险控制在一定程度内。然而，配资公司不受这样的"资本充足率"限制，所以可能会出现畸高杠杆。

主要风险点

配资原理是高杠杆配资，贷给客户去买入一种价格在涨的资产，以未来的盈利偿付本息。又似曾相识了，基于资产价格上涨的放贷（而不是基于经营现金流），就是和美国次贷一模一样！所以，它的风险不得不防。上述业务模式，至少反映了三大风险：

（1）过度杠杆的风险。银行用理财资金对接配资公司，为保障资金安全，设了较严的预警线、强平线。继续上述例子，1∶3 的杠杆，预警线是 0.95。换言之，4 亿元的母账户，全投了股票，亏了 2000 多万元，市值跌破 3.8 亿元（4 亿元的 95%），就要求追加保证金，使市值回到 3.8 亿元。

但如果配资公司也给客户设 0.95 的预警线，5% 的浮亏就得报警，那简直没法玩 A 股！所以，配资公司给客户的预警线会更低，比如 0.875。0.875 意味着，客户拿 1000 万元过来配了 1∶3（共 4000 万元），那么其本金亏掉一半多（500 万以上）时，才会被通知追加保证金。

配资公司的资金融入方的预警线显著高过资金融出方，形成了风险差（或风险敞口）。我们假设一个极端情景：10 个配资客户各亏了 300 万元，那么母账户共亏 3000 万元，市值跌至 3.7 亿元，已突破了 0.95 的预警线。银行通知追加保证金 1000 万元，使市值回到 3.8 亿元。此时，由于各配资客户均未突破 0.875 的预警线，因此他们不用追加保证金（见图 4 - 7）。

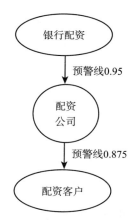

图 4 - 7　两级融资的风险预警线不同

这意味着，这笔 1000 万元的保证金，需要配资公司自己掏钱去追加。换言之，上述风险敞口需要配资公司以自有资金去弥补。配资公司的高额利差收入，其实赚是风险错配的钱。配资公司老板财大气粗，追加1000万元似乎不算什么。但是，前文已提到，如果配资公司拿1亿元本金，周而复始地开立了10个母账户。如果每个母账户都要求追加1000万元保证金，那么悲剧就可能降临，这就是过度杠杆的风险。其根源，是配资公司没有"资本充足率"概念，杠杆可能无度，超过配资公司自身能力范围。

（2）资金风险。配资公司不受任何部门监管，配资客户将本金提交至配资公司指定的账户上，也没有类似银行这样的托管方，因此资金安全性得不到任何保障。如果配资公司资金链面临断裂，它甚至可以重新以优惠利率招揽一批新客户，收取他们的本金后卷款跑路。

（3）法律风险。二级子账户匿名，逃避了监管，销户后不留任何痕迹，直接违反了我国证券账户实名制的规定。

监管趋势展望

配资公司的存在，反映了市场的某种融资需求，其实也是一种过度管制的后果。股市的"两融"（融资融券）业务开办多年，仍然受到诸多限制。首先是门槛过高，其次是融资总额有限。而在暴涨的市场环境中，投资者欲望无穷，两融无法满足，于是各种民间配资丛生。理论上讲，两个市场主体，一个愿借出，一个愿借入，双方平等协商，自由商定利率和风控措施，这并不违法，监管当局看似不用插手。因此，在有效管理住风险之后，我们认为配资业务仍然可以开展。政策建议方面，则有两方面：

一方面，是放宽两融业务的客户准入门槛，放宽两融业务的券商自由裁量度，结合客户需求量身定做，监管部门只需监管券商的整体风险水平，不必干预具体业务参数。由此一来,我们相信民间配资公司会消失一大部分,并且券商受益。另一方面,如果民间配资公司仍可存在,则要纳入监管,并管好前述三项风险:针对过度杠杆风险,则要设立风险准备金(类似资本金)与业务总额的比例,类似银行的资本充足率;针对资金安全问题,则要设立托管行制度;针对二级子账户匿名问题,责成软件提供商强制实施子账户实名制。

此外,别忘了系统性金融风险,微观审慎并不一定带来宏观审慎,双方自愿交易虽不违法,但如果总量失控,却有可能影响宏观审慎。如果整个市场体系杠杆率提升,哪怕每一个交易主体都是合法的,那么整体风险也大幅提高。这种情况下,可采用提高融资利率、扩大股票供给等方式调节整个市场的杠杆率。

4.5 异化的交易场所

2015 年 9 月，一家名叫泛亚有色金属交易所的机构被推上风口浪尖，购买了泛亚"理财产品"的投资人在京沪闹市集合抗议，影响很大。泛亚案情复杂，涉事金额巨大，公安机关最终于 2016 年 6 月逮捕了多名主要嫌疑人。本节仍然以金融学原理为基础，讲述泛亚是如何异化的。不过，在讲述泛亚之事前，有必要先简要回顾一下交易所的监管背景。

交易所大清理

在此前几年，五花八门的交易所在国内遍地开花。因为开个交易所门槛不高，花几十万元建系统即可，所以里面不免有浑水摸鱼之徒。这种乱象早在 2011 年便已引起监管高层警觉，并着手整顿治理。2011 年 11 月，国务院发布了《关于清理整顿各类交易场所切实防范金融风险的决定》（以下简称《决定》）。《决定》开宗明义地指出："近年来，一些地区为推进权益（如股权、产权等）和商品市场发展，陆续批准设立了一些从事产权交易、文化艺术品交易和大宗商品中远期交易等各种类型的交易场所（以下简称交易场所）。由于缺乏规范管理，在交易场所设立和交易活动中违法违规问题日益突出，风险不断暴露，引起了社会广泛关注。为防范金融风险，规范市场秩序，维护社会稳定，现作出如下决定……"该《决定》分四章，主要内容分别是：

（1）高度重视各类交易场所违法交易活动蕴藏的风险。本章指出："目前，一些交易场所未经批准违法开展证券期货交易活动；有的交易场所管理不规范，存在严重投机和价格操纵行为；个别交易场所股东直接参与买卖，甚至发生管理人员侵吞客户资金、经营者卷款逃跑等问题。这些问题如发展蔓延下去，极易引发系统性、区域性金融风险，甚至影响社会稳定，必须及早采取措施坚决予以纠正。"因此，要求各地政府和国务院有关部门，做好清理整顿工作。从文字上看，监管高层对交易所泛滥的潜在风险，是有深刻认识的。

（2）建立分工明确、密切协作的工作机制。这一章是明确各方职责。建立由证监会牵头，有关部门参加的"清理整顿各类交易场所部际联席会议"（以下简称联席会议）制度。联席会议的主要任务是，统筹协调有关部门和省级人民政府清理整顿违法证券期货交易工作，督导建立对各类交易场所和交易产品的规范管理制度，完成国务院交办的其他事项。联席会议日常办事机构设在证监会。本章还指出，国务院（或其金融管理部门）批设的交易所，由其监管。其他交易所则由当地省级政府监管。"谁的孩子谁抱。"

（3）健全管理制度、严格管理程序。对具体交易方式做出限制性规定。然后，除"除依法设立的证券交易所或国务院批准的从事金融产品交易的交易场所外"，其他交易所不能办得像证券交易所，不能有集中交易、发售份额等证券交易所才能有的行为。然后，任何冠以"交易所"字样的交易场所，报省级政府批准，省级政府则征求联席会意见，然后工商局才能给予登记。

（4）稳妥推进清理整顿工作。要求各省区市政府立即成立领导小组，按照属地管理原则，对本地区各类交易场所，进行一次集中清理整顿。

但可能是由于该《决定》规定不够细致，各地很难执行，所以，2012年7月，国务院办公厅又发布《关于清理整顿各类交易场所的实施意见》（简称《实施意见》），对清理工作做更细致的部署。该《实施意见》把《决定》中规定不清的第三章"健全管理制度、严格管理程序"进行了细化，明确了六项禁止令：

（1）不得将任何权益拆分为均等份额公开发行（不得创设、发行有价证券）。

（2）不得采取集中交易方式进行交易。本意见所称的"集中交易方式"包括集合竞价、连续竞价、电子撮合、匿名交易、做市商等交易方式，但协议转让、依法进行的拍卖不在此列（这样的话，交易方式只剩下询价等，流动性较差）。

（3）不得将权益按照标准化交易单位持续挂牌交易（不能做成证券二级市场）。

（4）权益持有人累计不得超过200人。

（5）不得以集中交易方式进行标准化合约交易。

（6）未经国务院相关金融管理部门批准，不得交易金融产品（保险、信贷、黄金等）。

更严格之处在于，《实施意见》还规定，各类金融机构"不得为违反上述规定的交易场所提供承销、开户、托管、资产划转、代理买卖、投资咨询、保险等服务"。也就是说，金融机构为不合规的交易所提供服务，也是违规的。最后，《实施意见》也明确了监管责任在省级政府。而证监会是联席会的牵头人。

从上述规定来看，监管还是很严的。真严格实行的话，想必后面也不会闹出泛亚的事情了。但很可惜，由于很多交易所的开设人是地方政府，或受地方政府保护（政府希望以交易所带动当地产业或其他收益），而监管职责在省政府（证监会只是牵头人，召集各部门开会），所以这种监管效果可想而知。

在这样的监管环境下，泛亚有色金属交易所（成立于2011年4月21日，在国务院发文清理之前）经受住了清理风暴，粉墨登场。

渤海模式

泛亚的主要交易标的是几种不太热门的金属，比如铟，若非相关行业人士，基本上不会在化学元素周期表中留意到它。泛亚的交易模式，最早是学习渤海商品交易所的，业内一般称为"渤海模式"。渤海模式是撮合买卖双方报价模式。首先，金属卖家（比如金属生产商），报出一个卖单（比如卖1吨，报价500万元/吨）。过几分钟，有一个卖家，报出一个买单（比如买2吨，报502万元/吨）。此时，只能撮合1吨的交易，于是成交，价格为500万元/吨（时间优先、价格优先），生成了一张合同（交易量1吨，价格500万元/吨）。

然后，到了约定的合同履约时间，双方交收（交割）。此时，要让买卖双方申报自己实际能够成交的金额（比如，卖方可能手里其实没这么多货，或者，买方可能手里没这么多钱，那么就会出现不能全部交收的局面），见图4-8。

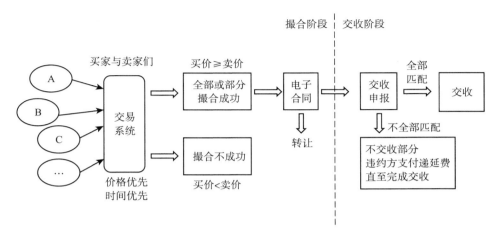

图 4-8 渤海模式的交易结构

但如果有一方无法完成交收，或只完成了部分交收（比如，买家到交收时间了却资金不够，手头只有 300 万元，则只能先成交 0.6 吨），那么这一合同不能全部交收。对于未交收的部分（剩余的 200 万元），买家要支付"递延交收补偿费"，简称"递延费"。递延费是按未成交金额的一个比率计算的，比如每天万分之 5（年化 18.5%），每天计算，直到买家筹到其余 200 万元、完成交收为止。而被违约的卖家收到的递延费，则略低于买家支付的，比如是万分之 3.7（年化 13.5%）。违约方付的递延费与被违约方收的递延费之间的差额，是交易所的收入。这种模式就是渤海模式，也就是"即期交易制度、延期交收补偿金制度"。

这种模式有一点弊病，就是如果交易额巨大，一方知道了另一方已经无法完成交收，则可以实施一种类似于逼空的交易方式。

比如双方撮合成功，并且量很大，比如 1000 万元，但卖方知道买方暂时没那么多钱完成交收，就会在交收阶段把撮合金额全部申报。买方由于暂时没 1000 万元，只能每天支付递延费，卖方就赚这个递延费。

逼空方式的存在，使双方报价时会谨慎，不会报出一个离谱的天量。而且，泛亚的交易品种（铟等）都是小金属，本身也不会有太大的量。所以，这种交易所，原本其交易量是相对有限的。

"泛亚模式" 诡局①

交易量相对有限，那岂不是影响赚大钱了？所以，泛亚开始"创新"，做大交易量。最后，从渤海模式异化出来的"泛亚模式"出炉。

首先，某金属（比如铟）的卖家（一般就是生产商）到泛亚卖出一单（比如金额1000万元），同时按1000万元的买入一单。一卖一买，价格相同。而生产商的交易对手方则是泛亚的"理财客"（之所以加引号，是因为形式上并不存在销售理财产品的行为，这些人只是来交易所买金属）。泛亚通过代理机构或互联网销售理财产品，给予年化13.5%的收益率，募集了资金，这些资金作为把金属的买方。因为能够通过互联网销售，所以就是时髦的互联网金融了。

继续上面的例子，这些买方买入了1000万元的一单（多空），同时卖出1000万元的一单（空单），也是一买一卖。现在形成了交易双方都持有多单、空单的局面（见表4-4）。

表4-4 　　　　　　　　　　　交易双方各持有多单、空单

项目	卖方（生产商）	买方（理财客）
多单	1000万元	1000万元
空单	1000万元	1000万元

---

① 参见谭娜. 中国版"庞氏骗局"分析：泛亚交易模式之我见 [N]. 期货日报，2015-08-17。

然后到了交收阶段，通过双方申报，卖方的 1000 万元空单（对应买方的 1000 万元多单）成交，卖方收到 1000 万元，买方收到一堆金属。卖方拿走 80% 的货款（即 800 万元），剩下 200 万元交回泛亚，作为剩下的那个 1000 万元多单的保证金。而买方也把 200 万元空单做出交收申报，卖方则不申报，所以卖方对 200 万元的多单违约，开始交递延费。递延费从那 200 万元保证金里面支付。

现在的情况就是：买方手里有一堆金属，并开始收递延费（年化 13.5%）。卖方拿走了 800 万元，并对剩下的一个空单开始交递延费（年化 18.5%），见表 4-5。

表 4-5　　　　　　　　　　买方开始向卖方收取递延费

项目	卖方（生产商）	买方（理财客）
持有物	1000 万元（其中 200 万元交回）	金属
多单	1000 万元交递延费（年化 18.5%）	
空单		1000 万元收递延费（年化 13.5%）

但这种情况下，卖家只拿到 80% 的货款，这怎么办？很简单，让泛亚交易所里的金属价高出市价 25% 以上。因为铟这些小金属，市场价成交并不活跃，且产地集中，所以相对容易操纵。比如，一个卖方，他的铟在市价只能卖 781 万元，拿到泛亚（这里价格比市价高 28%），卖了 1000 万元。他留下 20% 的资金，也就是 200 万元，拿走了 800 万元，比原来市价还高一点。因此，生产商会来这里卖金属。但是，他还持有 1000 万元的多单（因为一开始一买一卖），每年要交 185 万元递延费，他留下的 200 万元保证金能交一年多点时间。

再来看买方。首先，他们花了 1000 万元，买下了金属。然后，还开着一个 1000 万元的空单，收取 13.5% 的递延费，也就是 135 万元。这笔钱来自卖方留下的保证金，最初其实是出自买方自己付出去的 1000 万元里面！

已经很明白了：第一年，理财客付出 1000 万元，买到一堆金属。付出去的 1000 万元里面，有 185 万元付回了泛亚，泛亚留下 50 万元，把其中的 135 万元付回给买方。很显然，这个交易是不符合商业逻辑的。

但是，留下的保证金一年多就差不多付完了，第二年怎么办？没事，金属每年会涨 20%，第二年，那位卖方持有的多单，就处于盈利 20% 的状态，又有了 200 万元的保证金……依靠资产价格上涨维持融资，这其实已经有点问题了。但这 200 万元的保证金是浮盈，没有真金白银进来的。没事，反正都是交易所系统里的数字。调减卖方的保证金，以递延费支付给卖家。真到了卖家（理财客）要提现时，会需要真金白银。此时，再招徕新一批理财客，让他们投入更多资金……"用后一轮的投入资金来支付上一轮的本息"，这有点庞氏骗局的雏形了。

然后，理财客们手里囤了一大堆金属。因为泛亚里交易的金属多是小金属，全球成交量本身就少，容易被操纵。泛亚成了一个金属收储器，理财客的资金不断进来，从生产商那里收购了金属，推高了价格。

所以，我们看到泛亚交易系统里的金属价格一路向上。比如铟价，2015 年 7 月已到 7450 元/千克（行情中单位为元/100 克），一路涨上来。而 Wind 上查阅的对应价格仅为 1700 元/千克左右，并且是从 2014 年底开始雪崩，多年维持在 1500 元/千克左右（见图 4-9）。泛亚报价虚高太多了，没有人会来泛亚买金属，所以买入的只能是理财客。

（元/千克）

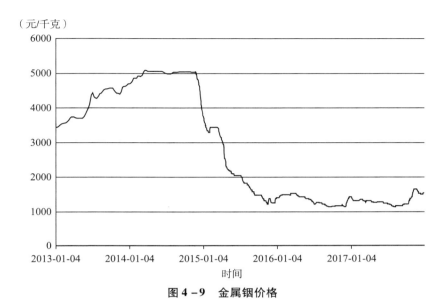

图 4 - 9　金属铟价格

资料来源：Wind。

　　理财客们如果想变现，要么就是拿后面理财客的投入资金，要么就是抛金属。但近期金属现价大跌，新来的理财客本来就少了。可是，现有理财客们手里囤的太多金属（小品种，没太大的需求），几乎不可能变现，因为他们已是最大的持仓者。所以，一旦形成抛盘，无人可接。和次贷一样，资产价格到顶回落后，悲剧就开始了。

　　然后，更火上浇油的是，此前一直监管不力的监管部门，忽然出现，手里拿着 2011 年的《决定》和 2012 年的《实施意见》，要求严格落实，强制T＋5 交易、实名交易、取消卖出申报等。这些条件都降低了泛亚理财产品对理财客的吸引力，理财客少了。这就好比，股市 3000 点时不查配资，5000点突然来查，导致雪崩。于是，兑付危机就发生了，事态闹得很大。

上帝还是凯撒：交易所角色定位

泛亚事件是近年第一例影响较大的交易所兑付危机。由于资金托管不清，所以愤怒的理财客们怀疑泛亚抽逃挪用了资金。我们尚未找到抽逃挪用的证据，但这关系不大，因为正如上方分析的，即使不抽逃挪用，这个违背了金融原理的游戏也是玩不下去的，这个结果是注定的。交易所的定位，应当是撮合双方交易，为交易提供便利服务，自身则处于独立地位，不介入金融交易。它的功能是充当二级交易市场，为资产提供流动性。随着我国资管行业的兴起，资产类别愈加丰富，也需要相应的交易所来流转。所以，交易所这个行业，长期看依然有较好前景。但关键是，交易所就得是交易所，不能变味。

泛亚模式，起初是存在真正的"交易双方"的，一边是买金属的，另一边是卖金属的。因为"延期交收补偿金制度"，会产生一块递延费收入，所以泛亚运用了类似"供应链金融"的理念，以这块递延费为收益，吸引投资客，开发出一种类似销售理财产品的行为。这种实际上并不存在的"理财产品"被叫作"日金宝"。相当于理财客把资金提供给买金属的人，赚取收益。这一步棋，看似妙，但本质上已经突破了交易所的本质，使其直接介入了金融交易，是后期风险失控的根源。

而随着金属价被推高，高过现价太多，真正的"交易双方"瓦解了，因为真正买金属的人不会来这里买。所以，模式演变成为理财客的资金直接去收储金属。此时，几乎不存在所谓的"交易双方"，而是单向的买（理财客资金收储金属），用资产价格上涨来为理财客提供回报，用下一轮理财客的投入来支付理财客的赎回。所以，逻辑上看，它早就不是撮合交易了，成为庞氏骗局。

在这一切演变的过程中，监管未能在早期介入。亡羊补牢，为时未晚。后续政府跟进了一轮交易所清理，将前期的《决定》《实施意见》落实。疯狂的"泛亚"们，是该回归交易所的本质了。

【本章小结】

金融业务要管理风险，监管是永恒的主题。而互联网金融初次登台时，监管相对宽松，留出一定的创新空间。而中外的金融业发展历程表明，某些所谓的创新，很大程度上只是金融业务如何突破监管规定，实现业务扩张，但有时也确实能覆盖传统业务不能覆盖的领域，有其积极意义。因此，监管层可能给予一定的宽容期，或观察期，有了结论之后，该规范的规范，该取缔的取缔。这便是金融创新螺旋，永不停转。经过了一段时间的观察期后，互联网金融开始显现一些问题与风险，于是，以 2015 年 7 月 18 日多个部委联合发布《关于促进互联网金融健康发展的指导意见》为标志，互联网金融监管治理逐步展开。此后，互联网金融各子行业的更细节的监管文件陆续出台，力争覆盖六大子行业，监管从严。

但遗憾的是，监管空白却长期存在，风险事件仍然时有发生，有时还有一些涉及金额巨大的案件，造成了一些不良影响。影响较大的事件或案件，多发生在 P2P、配资公司、交易场所等领域。我们分析后认为，之所以发生这些案件，很大程度并不是其业务的天然风险（比如放款业务面临的信用风险是其天然风险，不可能完全杜绝），而是由于监管不够到位、业务偏离本质（异化）所带来的法律或操作风险。比如，P2P 业务原本是信息中介，P2P 平台不成为融资的一方，但现实中很多平台受银行业务高息差吸引，有意无意将 P2P 开成了一家银行，最后酿成风险；股市配资公司则更加类似一家银行，并且杠杆严重失控，风险巨大；然后是以"泛亚"为代表的交易场所，偏离了中介本质，开发了所谓的"理财产品"，介入交易，最后也偏离初衷，酿成大案。因此，监管与创新的游戏永不停止，对风险过大的创新，或披着假面具的伪创新（脱离了其声称的业务本质），均需要及时干预。

参考文献

李耀东，李钧．互联网金融［M］．2 版．北京：电子工业出版社，2014.

谢平，邹传伟，刘海二．互联网金融手册［M］．北京：中国人民大学出版社，2014.

马梅，朱晓明，周金黄，季家友，陈宇．支付革命：互联网时代的第三方支付［M］．北京：中信出版社，2014.

埃里克·杰克逊．支付战争：互联网金融创世纪［M］．北京：中信出版股份有限公司，2015.

由曦．蚂蚁金服［M］．北京：中信出版集团股份有限公司，2017.

陈宇．风吹江南之互联网金融［M］．北京：东方出版社，2014.

菲利克斯·马汀．货币野史［M］．北京：中信出版股份有限公司，2014.

千家驹，郭彦岗．中国货币演变史［M］．2 版．上海：上海人民出版社，2014.

兹维·博迪，等．金融学［M］．2 版．北京：中国人民大学出版社，2010.

潘功胜．上市银行价值分析［M］．北京：中国金融出版社，2011.

加里·戈顿．银行的秘密：现代金融生存启示录［M］．北京：中信出版社，2011.

刘新海．征信与大数据：移动互联时代如何重塑"信用体系"［M］．北京：中信出版社，2016.

找一个角度看互联网金融

互联网金融，首先是金融，这就是我们不能遗忘的初心。

正如马云在申请开办银行时所说，中国并不缺银行。同样，中国也并不缺互联网金融的书。随便走进一家书店，书架上就有成堆的互联网金融的相关书籍。毕竟，时至今日，它早已不是什么新生事物，研究成果也已汗牛充栋。所以，马云想开办的，是一家不一样的银行。而我，想写一本不一样的互联网金融的书，为此首先要找一个不一样的角度。

我曾是一名金融学专业的学生，然后成为一名金融领域的研究者，一直未离开金融。人类之所以发明了金融，是因为要用这些技术手段实现资金融资、资源配置，以提升福利。这是金融的初心。当大家都在热闹地讨论"互联网＋"时，我却想回到我们开始的地方，回到金融的初心，选取金融的业务和原理作为切入的角度，理解互联网金融。

从这样的角度出发，从互联网金融最受热捧的前几年开始，我开始了对互联网金融的冷思考。这些思考都是基于经典的金融学原理，同时也结合了我长期以来对互联网行业的观察，吸收了我在金融信息服务业的从业经验。最后，我尽可能客观地总结出互联网金融的原理，虽然能惊喜地发现它的优势，但有时也不得不浇浇冷水，反驳一些把互联网金融捧上天的观点。互联网金融，既不能被"神化"，也不能被"矮化"，需要客观理性看待。回归本源，不但是监管的要求，更是互联网金融该有的成色，也是互联网金融服务实体经济的必由之路。

最后，我用尽可能通俗平实的语言，把这些思考成果分享给大家。我对自己行文的要求，就是要让普罗大众——包括那些未接受过系统的金融学、经济学教育的朋友——也能读懂。所以，所用到的严谨的金融学原理，也被我翻译成了日常语言，但尽量不失严谨。这些成果在过去三年多时间里陆续发布在我的个人公众号"王剑的角度"以及其他媒体上，有些还体现在我各阶段的工作成果中，受到读者谬赞与指正，在此深表感谢。此次将其集结成书，系统呈现。

最后，感谢我母亲、爱人对我研究、写作、出版毫无保留的支持。